一生かかっても知り得ない

年収1億円思考

富裕層専門のカリスマFP
江上 治
Osamu Egami

経済界

悪いショットの原因は悪いスイングだが、
悪いスイングを引き起こしているのは、たいてい悪い思考である。

――ピア・ニールソン（プロゴルファー宮里藍のメンタルコーチ）

はじめに

年収800万円までの人と年収1億円を超える人は、決定的に「稼ぐ思考」が違う

世の中には、とんでもなくお金を稼ぐ人と、まったく稼げない人（あるいは、ある程度は稼ぐのだが頭打ちになる人）の2種類のグループがある。

話を分かりやすくするために、前者を「稼ぐ人」、後者を「稼げない人」と呼ぶことにしよう。

「オレは稼いでいるほうだ」という人に年収を聞いてみると、600万円だったり800万円だったりする。

確かに稼いでいるグループに入っているように見えるのだが、「もっと稼げますか？」とたずねると、とたんに自信のない表情になる。

このクラスの年収の人たちに限って、住宅ローンを抱えていたり、子どもの教育費がこれからかかる年代になっていたり、それなりの重荷を背負っている。

本当はこういう人たちこそ、もっと稼げるようにならなくてはならない。８００万を超えて、１０００万円へ。いや、１０００万をさらに超えていかなくてはならない。

最初のハードルが８００万円から１０００万円へのジャンプである。このジャンプに成功すれば、いや成功する秘訣を知れば、後は青天井になる。年収1億円も夢ではない。

では最初のハードル、２００万円を上積みさせるものとは何か。

ひと言で言えば、それは年収８００万円までの時期に培った「期待値」である。２００万円は「期待実現料」と言ってもいい。この「期待値」をどんどん高め、それを実現していくことによって年収は青天井になる。

「期待値」を高める要素とは何か。１０００万円どころか、とてつもなく稼ぐ人たちを分析すれば、その要諦が分かるのである。

私はＦＰ（ファイナンシャル・プランナー）として、個人年収1億円を超える方々50名を中心に、およそ1千名あまりのクライアントを抱えている。

有名プロスポーツ選手から経営者まで、その顧客層は幅広い。ほとんどが、独立して7年の間にお付き合いさせていただくようになった方々である。

顧客の多くが、企業経営者である。それも創業社長が圧倒的に多い。

サラリーマン社長はほとんどいないし、2代目という方も（ここ2年くらいは増えてきたが）多くはない。ほとんどの方が、バリバリの創業社長なのである。

私の流儀として、顧客になっていただく際に、徹底したヒアリングを行なう。

人生をどのように設計しているか、何を目標にして事業をしているかなどをお聞きするのは当然であるが、同時に、どのような人生を送ってきたのか、だれにどのような影響を受けたのかなど、主に具体的な体験的な生き方論も、重要なポイントの一つとしてお聞きする。

そのようにしてFPとして、丸ごと資産管理をさせていただいてきたのであるが、あるときふと、

「稼ぐ人たちは、いくつかの点で共通している」

ということに気づいた。

それも15歳までの環境と20代の体験、あるいは自分の売り方やポジショニングの取り方などが、本質のところで共通しているのである。

「本質のところで」というのは、具体的な個々の方法や経験そのものはその人その人で異なるのだが、環境や体験から本人が獲得したものは、驚くほど似ているということだ。

これに気づいて、

「そうか、単に共通しているのではなく、これこそが稼ぐ人にした要因なのだ」

と分かるまで時間はかからなかった。

つまり彼らはこれらの要素を強化し、組み合わせて自らに対する「期待値」を増幅させ、それを実現させることで青天井の年収を獲得してきたのであった。

これを知ったことは、FPをしているからこそ得た私の財産である。

すると、直ちに私に一つの問いが生まれた。財産ではあるが、これほどの貴重なノウハウを、私の胸に、あるいは私のメモ帳の中にだけ押し込めておいてよいのか、と。

いいはずがない。もし、とてつもなく稼ぐ創業社長たちのこのマインドを、この行動と思考方式を、もし「もっと稼ぎたい人」が共有できるならば、「とてつもなく稼ぐ」レベルに、一歩も二歩も近づくことが可能になるだろう。それが答えだった。

単にここでは「稼ぐ」という表現を使っているが、むしろこのことは「人生、いかに生きるべきか」ということである。人生の生き方の「範」として、大切な参考書として、先輩である創業社長の思想や行動様式を知らせるのは、私にとって使命であり、責務ではないのか。

「もっと稼ぎたい人」がそれらを知れば、おそらく生き方そのものが変わってくるはずなのである。同時にまた、私がわが社の社員を観察・分析して、「稼げない人」にも共通点があることに気づいた。これも反面教師として勉強になろう。

世に「稼ぐ」ための本は山ほど出ているが、多くはあまりにメンタルに偏《へん》しているように思う。具体的応用可能的なスキルとともに、読者が自らの人生を考え直すよう慫慂《しょうよう》する書物は、多くない。ならば、と私は考えた。

「それを明かす役割を、私自身が担《にな》わなくてはならない」と。

私は自分のマル秘のメモ帳を整理し、記憶をさらに呼び起こし、膨大なノートブックをつくり上げた。その上で創業社長のいく人かに公開することの許しを得、さらに改めて取材を申し込んだのである。

日頃から腹蔵《ふくぞう》なく話し合える関係をつくり上げてきた方々である。だれもが喜んで賛成してくれたし、取材にも応じてくれた。

こうすることで、本書の核心になる部分を記すことができた。誠にありがたい限りである。どうか「もっと稼ぎたい人々」は自分のこれからの生き方と向き合うつもりで、「稼ぐ」エッセンスを汲《く》み取っていただきたい。

2011年1月吉日

江上《えがみ》　治《おさむ》

第1章　一生かかっても知ることのできない年収1億円「稼ぐ人」の思考

第2章

年収1億円「稼ぐ人」には、15歳までの環境と20代の経験に秘密がある

第3章 メンターから教わるべき非常識な「稼ぐ人」7か条

第4章

商品としての「自分」を売れるとてつもなく「稼ぐ人」の法則

第5章

4条件をクリアできる部下は、間違いなく年収1000万円

第6章 戦略性に富んだポジショニングが「稼ぐ人」との分かれ目

カバーデザイン◎岡孝治
編集協力◎エディット・セブン
本文デザインDTP◎ムーブ（新田由起子・川野有佐）

第1章

一生かかっても知ることのできない年収1億円「稼ぐ人」の思考

年収1億円超の社長だけが知る「稼ぐ人」「稼げない人」の5大法則

「幸福な家庭はすべて似通ったものであるが、不幸な家庭はそれぞれがみな異なっているものである。」

ご存知、帝政ロシアの文豪トルストイが、名作『アンナ・カレーニナ』の冒頭に置いた、有名な言葉である。

「不幸な家庭だって、みな似たり寄ったりさ」とか、「そうかな、幸福な家庭も似通っちゃいないぜ」とか、現代にいたるまで論議が起こる対比らしい。

むろん私は、そんな論議に踏み込むつもりはない。

「幸福な家庭」「不幸な家庭」をそれぞれ「稼ぐ人」「稼げない人」に置きかえると、本書での問題点が実に明確になると考えたので引き合いに出したのである。

実際、どうだろう。「稼ぐ人」は似通っているのだろうか。逆に「稼げない人」は、それぞれが異なっていて、共通項はないのだろうか。

後に（第3章）詳しく述べたいのだが、修行時代も含めFP（ファイナンシャル・プランナー）20年の経験から見た結論を言えば、明らかにそれぞれのグループの人たちには共通項がある。

「稼げる人」「稼げない人」の双方のグループ内で、それぞれが、ある傾向や属性、思考方式、環境などを共有しているのである。

トルストイ流に表現するなら次のようになるだろう。

「稼ぐ人間には共通項がある。稼げない人間にも、また共通項がある。」

「稼ぐ人」と「稼げない人」とでは、この共通項の内容が真逆になるのは当然である。コインの裏表である。

ところで、

「共通項を探し出して、どうするの。何か、意味があるの？」

という人がいるかもしれない。

本書では一貫して「共通項」を軸に事例や論理を展開しているから、少しややこしい話だが、「共通項」を知る大切さについて触れておきたい。

この世の中は無数の環境や条件が複雑にからみ合って出来上がっているように見える。けれども、からみ合っているそれらを整理していって、芯棒《しんぼう》をたぐってみれば、意外に単純な一つの真理にたどり着くものなのだ。

古きをたずねて新しきを知る（温故知新）というよく知られている論語の一節は、このことを端的に表現した言葉だ。

この言葉の意味、そしてこの言葉が今でも生きていてしばしば使われるのは、私流に解釈すれば、私たちの世界は、古今東西という巨大な時間・空間（時代や国家）さえも超えて、「有用な真理というものを共有している」ということを示しているのである。

その共有していることが、すなわち共通項である。共通項を探し出すのは手数のかかる作業であるが、これをしないことには、「真理」を探し出すことができないのだ。

稼ぐか稼がないかという世界も、同じである。それぞれのグループにある人々は「こんな事例はこの人だけではないか」と思わせるケースばかりであるが、その底流にしっかりと流れているものは、実は共通しているのである。

それをきちんと把握して、考え方や行動の仕方を変えて行くか行かないか。それが、「稼ぐ人」になれるか、「稼げない人」で終わるかの分かれ道になる。


さて、何はともあれ「稼ぐ人」の共通項を知りたいのが人情だ。本書も、「稼ぐ人間になるためには、どうしたらよいのか」を中心に話を展開していくわけであるから、「稼ぐ人」の共通項を、すぐにでも出したいというのが私の本心だ。

だが、まずコトの順序として、「稼げない人」はなぜ「稼ぐ人」になれないのか、これから明らかにしたい。

なぜなら、世の圧倒的多数が「稼げない人」だからである。

また、この人たちの持っている問題点を指摘することによって、賢明な読者なら自分の弱点に気づき、「稼ぐ人」と自分にどのような差があるかを、おのずと理解するに違いないからである。

「稼げない人」の共通項を「ここが稼ぐ人と違う」という点でしぼりこんでいくと、大きく5項目が重要項目として残る。

キーワードを列挙すると、次の5つになる。

①マインド
②固定観念（概念）
③素直さ
④数値判断
⑤金遣《かねづか》いの思考

これらがいずれも「稼ぐ人」と決定的に異なるのである。この5項目について、両者はどのように異なるかを見ていきたい。

ところで、これらを説明する中で、話が単に理屈では面白くないだろう。だから、必要に応じて、具体的な「稼げない人」をまな板に載せながら、何がどう違っているのか、欠けているのか、語っていきたいと思う。

とはいえ、アカの他人を俎上《そじょう》に載せるわけにもいかない。名誉毀損《めいよきそん》で訴えられてもつまらない話になるから、それを避けるためにも、以下に登場する人物たちはいずれも当社の社員たちに限定しよう。

ただし、彼らの名誉のためにあらかじめ言っておくと、彼らはいずれも「稼げない人」から今では脱皮して、堂々と「稼ぐ人」になっている。どのようにして「稼げる人」になったかについては、第5章および第7章で解明される。

その過程で私から受けた社員たちの教育そのものが、

「いかにしたら、稼ぐ人になれるか」

という問いの回答になるはずである。

「マインド」の低さ、弱さは、「稼げない人」最大の特徴

さて、まず「マインド」の話から始めよう。

マインドの意味は、辞書で引くと「心。精神。意識。好み。意向。」などと出てくる。私はもう少し広く解釈して、ポリシーとか志、あるいは欲望、執着心などまでをこの言葉で表現したい。

つまり現実に即して言えば、「仕事に対する気持ちの強さ、高さ」ということになるだろう。このマインドが「稼げない人」は弱いし、低いのである。

ウチの会社に38歳の独身女性がいるが、彼女は最初ＯＬをしていた。やがて、ＯＬでは飽き足らなくなって独立した。個人事業主になって何をしたかといえばネットワークビジネスだ。

当然ながら失敗して、今度は占《うらな》いグッズを販売する雑貨店経営をはじめた。そして、これにも失敗して、私の会社に入ったときには、5千万円からの借金をこしらえていたのである。

入社したとき、私はその借金の実態を知らなかった。だが、どうも様子がおかしい。妙な電話が会社に来る。問い詰めると、「すみません、本当を言うと……」と打ち明けたのだった。驚いたが、クビにするわけにもいかない。

よし、いい機会だから、こういうたぐいの人間を再教育して、立派に稼げる人間にしてみようと考えた。

それで借金を会社で肩代わりして、厳しく鍛え直した。彼女は、5年後の現在、FPとして手数料収入5千万円を達成し、ある保険会社のコンテストにおいては、7万人中ベスト5を2回連続で受賞するほどまでになっている。

彼女も、ウチの会社に来るまで失敗を重ねているが、最大の問題点はマインドの低さだったのである。いまではかなりの高額所得者の顧客を相手にしている。それだけのマインドをつくり上げているのである。

とはいえ、当社で年収が億を超える顧客に対しては、対応できるのが私しかいない。他の人間ではマインドが違いすぎて相手になれない。

これは一般の営業マンにしても同じであろうが、当社のようなコンサルタントの仕事では「この人に資産管理を相談したい」と思わせないと、どれほど資格やスキルを持っていたにしても、信頼させ、満足させることは出来ないのだ。

だから、お客様が獲得できない（稼げない）のである。

では、なぜ彼らはマインドが弱く、低いのか。

「稼ぐ」マインドは、丁稚奉公から生まれ、育つ

「稼げない人」は、マインドが弱く、低い。

これは、実は社会的にも大きな問題なのだが、原因は「稼げない人」の育てられ方や職業選択の動機、仕事に取り組む気持ちにあるのだ。

私は職業教育の基本は「丁稚奉公《でっちぼうこう》」だと考えている。

決して自分で好きで入った世界ではないけれども、朝は早くから起きて、番頭（上司）の言うことをまっすぐ聞いて、文句は言わない。給金の愚痴《ぐち》なんて、もちろん言わない。休みも盆と正月だけで、後は黙々と、一所懸命に働く。

しかも、この丁稚奉公は、4年や5年で卒業できない。最低でも10年は続ける必要がある。そうすることで、はじめて自分のやっている仕事の中身も面白さも、他人には気づかない工夫なども見えてくる。

それが自分への誇りを生む。自信になる。同時に、職業への責任感や使命感をつくる。これがマインドの強さ、高さになるのである。

しかし現代では、職業選択の動機が「好きなことをしたい」「自分のやりたいことをやりたい」である。

何も知らないうちから「好きな仕事」「やりたい仕事」など分かるはずがないのに、社会的にも、学校でも、こうした若者の志向を後押しする風潮がある。

丁稚奉公などとんでもない、待遇をよくして、ほめて育てろ、叱ってはいけない、という。こんな「甘えの構造」の中で、自立した、自分の力で稼げる人間などが育つわけがないのである。

例に出した女性社員は、かつて、まさに自分と世間への「甘え」の構造の中で泳ぎまわり、ひと口で言えば「実社会」をなめてしまったのだ。自分の腕で稼ぐ世界の厳しさも甘く考えてしまった。その結果の借金5千万円なのである。

彼女がうろうろと、あっちの水が甘いんじゃないか、いやこっちの水のほうが甘いんじゃないか、とさまよったのは、おそらくそのような育てられ方、教育のされ方をしたためである。

丁稚奉公、滅私奉公《めっしほうこう》から自分の行くべき道を探す・自分の強みを探すことの重要さを教わらず、「好きなことをしなさい」「やりたいことをやりなさい」といわれ続けたからである。これが現代社会の一般的な風潮である限り、「稼げない人」は今後も量産され続けるのは間違いない。

会社に入って、新入社員のときに、ふつうの若者にできることはまず何もない。まったくの素人に過ぎない。社会的赤ん坊である。だから言われたこと、指示されたことを、愚直《ぐちょく》にやり続けるしかないのである。

しかし、コツコツと愚直にやり続けていくと、必ず分かってくる。光が見えてくる。これがブレークスルーである。

ただしブレークするまでは苦しい。5段階くらい登ってブレークするとしたら、1段階、2段階を超えるのが非常にきつい。車にたとえれば分かるが、停車している車を動き出させるのには、大きなエネルギーが必要なのだ。

まして生身の人間である。要らぬ欲も出てくるし、目移りする光景も見てしまう。「なぜ、こんな苦労をするのか」と、つい思ってしまう。もっと楽して生きられる道があるんじゃないか、と考えてしまう。

そうしたところに上司や取引先などから、きつい叱責《しっせき》や対応があれば、一発で会社を辞めてしまったりする。丁稚奉公覚悟の人間なら、自分のいやな点を指摘してくれる上司などは、むしろ「ありがたい。自分のことを考えてくれる人だ」と喜ぶところだが、なにしろ、ほめて育てられるのが当然という世界にいたのである。耐えられるわけがない。

結果、存在するはずもない「青い鳥」を求めて、うろうろとさまよい出てしまうのである。マインドの弱い人、低い人は、例外なくこうなる。ひとつところに耐えて、苦労を超えて、「なにくそ！」と3段階、4段階と上るマインドを持たない人が、「稼げない人」になるのは当たり前なのである。

稼ぐ、というのは、あえて「青い鳥」を探そうとしない強いマインドからしか生まれないことを、まず知るべきである。

損は「金にしがみつく」限り、ふくらみ続けていく

マインドの弱い、低い人、すなわち「稼げない人」はまた、固定観念（概念）にしばられているものだ。これが、「稼げない人」に共通する2つ目である。

むろん人間は、何がしかの固定観念を持っている。まったくそれがない人は、融通無碍《ゆうずうむげ》の仏のような人か、ゼロ思考、何も考えていない人である。

だから固定観念それ自体を「すべて捨てろ」とは言わない。だが、それにしばられて自由な発想ができないのはきわめて問題だ。

固定観念にしばられていると、何がよくないのかといえば、局面が変化したとき、それに対応して自《みずか》らの行動を変えられないからである。これは視点が一つに固定されているためである。

ネットワークビジネスに嵌《はま》った女性社員の場合で言えば、お金である。

彼女は「お金」にしばられて行動を決めてきた。もっと稼ぎたい、自分はもっとお金が稼げるはずだと考え、安定したＯＬの生活を捨て、友だちに誘われてネットワークビジネスにのめりこんだ。

それに失敗して、「簡単にはお金は稼げない」と悟《さと》ればまだしも、さらに借金までしてリスクを負い、経営の知識もないくせに雑貨店経営まで始めてしまった。実に考え方が安易、安直である。行動が安っぽい。

私はＦＰとして資産運用を任されているのだが、お金の運用というよりも、まず、その人の人生設計をどうするかと考える。「20年後、どのようにしたいのですか？」というスタンスであり、投資も10年、20年後に資産が倍増、３倍増するように設計する。

これがあくまで長期的な視点に立ったお金儲けであるが、短期でお金を追い求めると、どうしても投機的《とうきてき》な生き方になる。

投機的な生き方をすると、人間は短絡的な考えに陥りやすい。そのやり方で一時的にはうまく行くときがあっても、結果としては絶対に成功しない。そして、

失敗したと分かったときの対応が、また遅い。

人間は悲しいもので、固定観念にしばられていると、何も見えなくなる。損をし始めると、もっと損をする方向に走っていくのだ。損切りができないのである。

賢明な人間、固定観念にしばられていない人間ならば、自分のこれまでやってきたことが失敗だったと気づけば、冷静にそれを分析して方向転換を図る。視点を変え、行動を変える。損切りしてでも、従来とは違った世界を模索する。

ところが、たとえばお金という固定観念にしばられていると、そのお金への執着心が生まれ、執着心に振り回される。

執着心があるから、目の前のプラス・マイナスだけしか見えないのである。

長期的な視点を持って現在を見つめれば、「ここで損をしてもやむを得まい。方向を変えよう」という知恵も生まれるのだが、短期的な視点だけで生きていると、「やり直そう」という切り替えができない。

つまり、捨てるべきときに捨てられないのだ。

表現がきついが、見込みのない、やくざな男にしがみついている女みたいなものである。もう少し上品に言えば、ＪＡＬのように、あと少ししたら潰《つぶ》れるに決まっている会社から脱出できないエリート社員だ。

内容の悪いブランド企業とか官庁とかに入ろうとしている人たちも、私には同じに見える。

彼らは「ここに入ればかっこいい」「公務員なら安定している」といった、世の中のつくったモノサシや価値観に左右されているだけだ。

そこには自分で自分の将来を考えた形跡がない。すべてが依存型で、他人任せなのだ。悪しき思い込みから早く脱却しなくてはならないのだが、そういう人はなかなか抜け出ることが出来ない。

当然ながら、いつもマイナスの環境をぐるぐると回っていて、「稼げない」世界に埋没《まいぼつ》していくのである。

「稼げる人」は、切り替えが実に速い。常に「長期の中での現在」という目が備わっているから、損切りもすばやい。だから、稼げるのである。

クレームを「財産」という、本当の意味がわかるか

「稼げない人」が固定観念にしばられて変化に対応できないのはなぜなのか、というと、共通項の3つ目「素直さがない（欠《か》けている）」ことに起因《きいん》している。

素直さとは、率直に現実を見る力、客観的な現実を受け入れて自分を変える力である。つまり、他からの声に耳を貸す度量である。

それがなくて、あるいは足りなくて、自分の思い込みだけで行動するから、いつまでも堂々巡りをすることになる。

たとえば、私は「クレームは宝だ」と社員にいつも言っている。

取引先とか顧客から、「あれはまずいよ」と言ってくる、あのクレーム。あれこそが、言われた人間にとって宝そのものなのである。

クレームを、単に文句だとか叱責《しっせき》だとか、こちらの触れてほしくない部分への指摘・指弾《しだん》だと考えて、逃げたり嫌ったりしたら、それまでだ。大歓迎といわなくてはならない。

取引先や顧客が、なぜクレームを言ってくるのか。それを考えなくてはならない。もし、当社を「箸《はし》にも棒にかからない、ダメな会社だ」と決断したり、嫌いだったりしたら、そもそもクレームなどは言ってこないだろう。黙って解約して、切り捨てるだけであろう。

ところが、わざわざ「こういう、良くないところがある」と指摘してくれているのだ。ということは、取引先や顧客に、まだ「この会社と付き合おう」という意思があるからにほかならない。

当社でも、私が独立した直後はクレームが多かった。独立した私は意気盛んで、セミナーを開催する中でお客様を次々と開拓して行った。

ところが先頭の私が驀進《ばくしん》するのはいいのだが、アフターフォローがなっていなかったのである。トップ営業マンはだいたいアフターが苦手である。

そのうち、セミナーで調子のいいことを言っているが、契約したら、まったく姿を見せないじゃないか、という声をいただいた。

これはまずい、と思ったが、社員は少ないし、当時の私には顧客開拓しか念頭になかったから、ついフォローが手薄のまま進んでいった。

その中で、ついに社員の一人が顧客企業を怒らせてしまったのだ。

社長である私が判断すべきことを彼の思い込みで判断して、しかも言葉遣いがぞんざいだった。その会社の社長は、私を一番可愛がってくれている人だった。

「どういうことだ！」

と電話で怒鳴られて、私はすぐにすっ飛んで行った。

お前は社員に礼儀、マナーを教えることと、お客様へのアフターフォローがまったくできていない。このままの状態なら、いっそFPの資格も返上して、この仕事をやめたほうがいい。社員教育もできないやつが、経営指導だのコンサルタントなど、できるはずがないじゃないか。

社長に、そう言われた。

私は、（社長はそんなことはするなと言ってくれたが）土下座して、2時間、その社長の説教を聴いたのである。

このときの説教が、私の宝物になったといっていい。心を込めた言葉の一つひとつが、これ以後の会社運営の重要な指針になった。社長の言ってくれることが、すべて、その通りだと私が素直に受け止めたからである。

上司と部下の間でも同じである。

こいつを何とかしてやろうと考えるから、上司・先輩は叱《しか》ってくれる。本当に見込みがないやつだと思い切ったら、あるいは嫌いなやつだと思ったら、とっとと配置転換したり、クビにしたりするはずなのだ。

クレームが来たら、あるいは文句を言われたら、ありがたいことだと素直に聞く。自分の気づかなかった欠点を指摘してくれたと考えて、自らその欠点に食らいついていく。納得することは、すぐに改める。

そういう態度が、固い頭を柔軟な頭につくり変えてくれるし、「稼げる人」に脱皮するもとになるのである。

人は感情に流されやすい。だからこそ「数字」を見るのだ

「稼げない人」は数字に弱い。数値的判断ができない。これも共通している。**要は、ビジネスは、営業活動から成果から、すべて最終的に数字に置き換えられる、ということが分かっていない**。

プライベートな行動なども、同じだろうと思う。まず、すべてを数値化して、その客観的な数値表現から、自分の行動を分析する習慣がなくてはならない。

稼げない経営者も同じである。

いやな数字、赤字の数字、そういうものから逃げようとする。赤字のとき、営業活動がうまく行っていないときほど、数字と向き合う必要がある。数字を皿のように見て、何が原因で赤字になっているか、分析しなくてはならない。にもか

かわらず、逃げてしまう。現実逃避である。

数字を見ない上に、もう一つの現実逃避を重ねる。数字の分析を他人任せにしてしまうのだ。税理士に頼む。あるいは経理部に任せる。そんなことをしても、実りある分析結果は出てこない。

良くも悪くも、数字を自分の目で確かめ、分析しなくてはならない。数字というフィルターを通して、現実を見直すことが重要なのだ。

ウチの社員で、国立大学大学院まで出た男がいるが、彼は郵政省に入って辞めて外資系金融機関のフルコミッションの営業マンになった。

役人からフルコミッション営業マンに転進とは、いい度胸だとは思うが、この男の当時の月収は6万円だった。

当社に入ったとき、まず私がやらせたのは、この当時の日常生活を細大漏《さいだいも》らさず書き出してその各々の行動にかけた時間と、お金の額を記すことだった。それを見て、「6万円しか稼げないのは、当たり前だ」と私は思ったものである。

時間の使い方が、まず間違っている。

彼はセールス活動のために、市役所前でチラシを配ったりしていたが、これに3時間もかけている。睡眠時間が4時間。稼ぎが悪いから、家庭教師のアルバイトをしていたが、結局、一日の生活の中で、現実にお客様に説明する時間はたったの1時間である。ここだけが収入に結びついた時間である。

お金のかけ方もひどかった。

半額弁当とか、パン2個で200円とか。車もないから恋人の車を借りて営業している。1円たりとも、自分のプロフェッショナルを磨くためにお金を使っていない。自分への投資がないのである。これでマインドを上げようということがおかしい。

彼をどのように教育し、いかに変わったかについては、第5章に詳述するが、基本はこの「時間・お金」といった数字を基にして指導した。数字は実に現実を映す鏡として正直なのである。

後はその数字をきちんと分析するだけである。**数字を見ながら現実を分析しないと、判断が大甘《おおあま》になる。自分の都合のいいように現実を解釈してしまう。**

前の職場にいた頃の手帳を持ってこさせて、売上げはいくら、毎日していたこと、お金、時間を全部書かせたのは客観分析のためである。

稼げないと、すべてが悪循環になることを分からせたのである。

稼げないとお金が入らない、だから貧しい半額弁当になる。車も彼女のものを乗り回している。そんな人間と、だれが付き合おうと思うだろうか。

こうした状況から脱皮するためには、思い切って自分に投資をしなくてはだめなのだ。

しかし投資する金を生むためには、現実の数字がどうなっているか、正確にはじき出さなくてはならない。

数字が苦手だという人は、「家計簿」をつけたらいい。何にいくら使ったか、どの行動にどれくらいの時間をかけたか。メモをつけていく。

それが、偽《いつわ》らざるその人間の現実の姿である。家計簿を見たら、自分に投資ができているかどうか、他人のためにお金を使っているかどうか。それが、如実に現れてくるだろう。

「貯める」と「稼ぐ」を誤解していては一生稼げない

さて、「稼げない人」の共通項として、最後は金遣《かねづか》い思考である。これは前項の「数値判断」に近いので、その発展系と考えてもいい。

稼げるか稼げないかは、お金の使い方、つまり「予算思考」なのか「投資思考」なのかによるところが非常に大きい。2つの言葉ははじめて聞くに違いないが、それも当然、私がつくったものである。

予算思考とは何か。お金を使う際に、まず財布の中身、残金を気にする思考法である。一方、投資思考とは、財布の中身、残金よりも、「何に使うか」に重点を置いて考える思考法である。

つまり、前者は金遣いの考えが内向きであり、後者は外向きになる。

「稼げない人」は予算思考で行動するのである。

内向きに財布の中身を気にしながらお金を使うと、これは堅実、ということになる。財布の残金以上に使うことはしないので、貯まっていくことが多い。だから悪い思考ではないのだが、「稼ぐ」ことをキーワードに置くと、稼げる思考方式ではない。

予算思考は「貯める」思考である。

投資思考のように外向きにお金を使っていると、すっからかんになる可能性がある。しかし、生きたお金の使い方を常に考えており、「貯めよう」とする意識が薄いから、ときに思い切って大きなお金を使うことができる。

だいたいにおいて女性は、予算思考で行動することが多い。常に財布の中身を念頭に置くから、節約しようという意識になる。

私がサラリーマンになったとき、母から教わったことがある。

それはお世話になったりしたら、必ず相手をご馳走したりして返礼しなさいということ、何か教えてもらおうと思ったら、手土産《てみやげ》を忘れてはいけないということとだった。これも日常の投資思考である。

節約は大切なことなのだが、何もかもみみっちく、ちまちまと財布の中身を心配していては、臆病になって却《かえ》って損をすることが多いのである。

稼ぐには、チャンスを機敏に捉《とら》えることが重要なのだが、臆病になると大事なチャンスをみすみす取り逃がしてしまいがちなのである。

私の顧客の一人は、デフレ不況のいまこそ、金を使うチャンスだと言っている。ビルを買収するチャンス、人を雇うチャンス、会社をM&Aするチャンス、お店を出すチャンスだと言っている。

こんないい時代はないぞ、いい不動産が安く買える、優れた人材をいまなら雇うことができる、優良株だって、いまなら格安で手に入る、と言って現実にいろいろな分野に投資をしている。

いま投資をすると、さらに下がるリスクもあるが、上がる可能性はもっと大きい。予算思考でお金を考えている人は、みんなが買うから安全だと判断して高いときに買い、下がり始めたときに不安になって売るようなミスを繰り返す。

これでは「稼ぐ」ことはできない。

だから、予算思考の人は、むしろ徹底的に守りに入った生活をしたほうがよいだろう。

予算思考、投資思考は多分に育ち方など、長い間に身についた考え方であるから、つまりスキルではないから、たとえばトレーニングによって変えていくようなことが難しい。

お金の使い方は人間の本質を鮮《あざ》やかに映し出す。小さな部分で言えば、飲み会の幹事をしていて、割り勘のときにわずかな端金《はしたがね》を自分で負担して払う人間と、それさえもみんなに分担させる人間がいる。

小さなお金なのだが、その行動の一つひとつから人物像の全体が映し出される。どちらの人物が魅力的に見えるかは、言うまでもない。

だが、みみっちいと思われるような人間に限って、貯めるのはうまい。だからサラリーマンとして生きていくにはいいかもしれない。

しかし「稼ぐ人」には終生なれないに違いない。「稼ぐ」をキーワードにするならば、やはり投資思考の人間になるしかないのである。

第1章のポイント

「稼げない人」の5つの共通項

- 仕事はまず「丁稚奉公である」ことを理解していない。「好きなこと」「やりたいこと」が自分にはできると誤解している。
- 固定観念に縛られ、目先のことだけに振り回されている。
- 自分の思い込みだけで行動し、人の言うことに耳を貸す度量がない。
- 時間の使い方もお金の使い方も独りよがり。時間もお金も結局「数値」。数値で判断しないから現実の判断が大甘になる。
- 「生きた」お金の使い方をしない。投資思考ではないから、10円20円をケチって1000万円2000万円を失うのである。

第2章

年収1億円「稼ぐ人」には、15歳までの環境と20代の経験に秘密がある

何もないから「欲」が生まれ、欲が稼ぐ「行動」を生む

なぜ、私の顧客の創業社長たちは、とてつもなく「稼ぐ人」になり得たのか。

その生き方や考え方を精査して、15歳までの環境、20代の経験を、次の7点で驚くほど高いレベルで生かしていることを知った。

①エネルギー量・欲
②観察力・洞察力
③伝統的価値観（礼儀・マナー）
④ストレス耐性（執着心）
⑤強みの発見
⑥素直さ

⑦パートナーの選択

この7点を中心にして、「稼ぐ人」の特性を示していきたい。

まず第一に伝えたいのは、「稼ぐ人」はボンボン育ちじゃない、ということである。幼少時代、経済的にも家庭環境がボンボンではないし、だからこそなのだが、人生の考え方もボンボンじゃないのである。

そのボンボンではないところから、「稼ぐ」意志も行動も生まれてくる。

創業10年余という短期間に年商200億円の健康飲料会社をつくり上げた㈱アサヒ緑健の代表取締役社長・古賀良太氏も、例外ではない。

あるとき、ストレートに尋ねてみた。

「どうして成功されたんですか」

「どうしてって、何もなかったからだよ」

何もなかった。

つまり、生まれた家にお金がない、長男じゃないから家にも残れない、学歴もない。そうなると、自分で稼ぐしかないじゃないか、というのである。

古賀氏には失うものが何もなかった。いや失うものばかりでなく、そもそも何もかもがまったくなかった。「だから、よかった」と言う。

古賀氏が生まれ育ったのは福岡市郊外の農村であり、氏は農家の4男坊として生まれている。父親はギャンブル好きだったという。

当然ながら、仕事は母親が中心にならざるを得ない。記憶としては、年がら年中、黙々と働く母親の姿しか覚えていない。そういう状況から想像できるのは、決して裕福ではない家庭環境である。

だから学校を卒業した古賀氏をバックアップするものは、何一つなかったといっていい。家庭からの援助はゼロである。それで高校を卒業すると東京に出てサラリーマンになった。

しかし、ギャンブル好きの父親のＤＮＡがあったためかどうか、古賀氏は安定したサラリーマン生活から飛び出し、32歳のときに独立した。

その後は、ひたすら事業にまい進するのだが、父親のギャンブル好きを見ていて、その反動からか、古賀氏はいっさいギャンブルには手を出さない。海外に出かけても、カジノにも競馬にもまったく関心を示さない。

「ギャンブルするなら、自分の勝てる事業分野でギャンブルするよ」

と言うのだが、古賀氏は自分のエネルギー量の高さを自覚しているのである。もしギャンブルに染まったら、父親以上にのめりこむだろう、と分かっているのである。**エネルギー量とは、欲の量である。**

「欲？」と、最近の成熟社会にどっぷりとつかった、柔な日本人の中には、この言葉に顔をしかめる連中もいそうだ。品がない、と言いそうである。

そんなヤカラは私には、「欲」が人間を前に進ませる強烈なエンジンであり、ガソリンであることを敢《あ》えて隠そうとしている偽善者にしか見えない。

いつからか、日本人はこの言葉のすごさを忘れている。

日本は敗戦後、何もない焼け跡瓦礫《がれき》の中から再出発した。衣も食も住も、何もなかった。きれいさっぱりと焼き払われてしまっていた。何もない、しかし生きていかなくてはならない。何かが欲しければ自分で考えて、行動して、自分の才覚で獲得するしかなかったのだ。

だから、その頃の日本人には、強烈な「欲」がだれの顔にもみなぎっていた。そのエネルギーが、あの高度経済成長時代をつくり上げたのである。

枝葉末節にとらわれない人だけがとてつもなく「稼ぐ人」になれる

サラリーマン社長ならいざ知らず、独立独歩で事業を切り開いた人たちは、いつの時代でも「何もない」という地平から大きく身を起こしている。その人たちに共通するのは、自分の手で「得てやろう」という欲である。

それがなくては、「やるっきゃない」という「稼ぐ」エネルギーが湧《わ》いて出てくるはずがないのだ。

古賀氏は、部下に関しても「欲のないやつは要《い》らない」と言っている。

どんな逆境に追い込まれても、「なにくそ」と這《は》い上がるエネルギーは、欲のないボンボンからは出てこない。部下がそのような人間であったら、同じ歩調で「稼いでいく」ことは、まずできない。早くクビにしたほうがいい。

だが、「欲」というエネルギーさえあればいいのかといえば、無論そうではない。もう一度、古賀氏の幼児期の家庭環境に戻る。

氏は、黙々とひたすら働く母親やギャンブルに明け暮れる父親を見て、

「なぜ、家には金がないのか」

と考えた。

ふつうに考えれば、「親父がギャンブルしているから、金がないのだ」と結論を出しがちであるが、古賀氏の観察は違った。

「それは金を稼げない環境だからだ」

というものだったのである。

つまり、農家をやっている限り、どれほど働いても「稼げない」構造がある、と見たのだ。

これはサラリーマン家庭でも同じである。どんなに父親や母親、家族が頑張っても、定期収入を得て生活しているのでは、収入に限界がある。

「ただ働けばいいというものじゃないな」

古賀氏がポツリとつぶやいたことを私は記憶している。

父親がサラリーマンなら、努力と勤続年数で課長に、部長に昇進していくだろう。運がよければ役員になるかもしれない。だが、ほとんどのサラリーマンは役員になれない。よしんば部長になり役員になったとしても、会社からもらう給料には限界がある。

限界のある稼ぎは、「とてつもなく稼いでいる」ことにはならない。

古賀氏が見たのは、そうした構造的に「稼げない」職業の実情だったのである。だから「独立独歩の事業でしかない」という結論になったのだ。独立事業なら「やればやっただけ」「努力しだい」でどこまでも稼げるのである。

わが家にはお金がない。それは親父がギャンブルしているからではなく、母親の働き方が間違っているからでもない。そもそも家業そのものが、「稼げない」構造の中にあるのだ。

古賀氏はひたすら働く母親の姿しか覚えていない。その後姿《うしろすがた》でさまざまなことを感じていたのである。

こうした観察、分析から、「稼ぐ」ためには、どのような環境に身を置いたらよいのかという方向に、古賀氏の思考は向かったのである。

賢い母親の口ぐせから「稼ぐ人」はつくられる

稼げる職業に向かう。その観察、分析が不可欠だ。

この観察、分析に関して、母親から幼いときに受けた教育が大きなポイントになった事業家もいる。

ホテルやゴルフ場など大規模リゾートの再生事業で辣腕《らつわん》を振るうA氏は、まさに子どもの頃に母親から学んだことが、その後の生き方の芯《しん》になっている経営者である。

A氏はかつては銀行員だった人だ。当時の日本を代表する大銀行だったが、銀行員時代には、超一流外資系ホテルのサポートをしたりした経験を持つ。

銀行を辞めたあと、貿易会社を興《おこ》して年商30億円ほどの会社にしたが、結果的にこれは失敗している。

その後再生ビジネスに転じ、これまで手がけた会社をすべて黒字化させているという。大学の非常勤講師を勤めたほど、会計学に通じている人で、あるファミリーレストランを再生する際には、緻密《ちみつ》な原価計算で、今ではどこでも見られるドリンクバーという形態を日本ではじめて導入した。

A氏のふるさとは島根県の日本海に面した小さな町である。

母親は小学生時代のA氏の手を引いて、毎日、買いものに連れていった。商店街に入ると、お客様がたくさん入っている店、ほとんど入っていない店がある。

歩きながら、母親は一つひとつ、尋ねたという。

「あの店が、どうして流行《はや》っているか、分かるかい」

「なぜ、あの店にはお客様がいないか、分かる？」

A氏は幼いながらに、その店の様子を観察し、

「あの店は、入り口の周りが汚いから、お客様が入らない」

「このたこ焼き屋はおいしそうなにおいがしてくる。ガラス張りでたこ焼きを焼く姿が見えるから、いい」

考えたことを言う。

するとその言葉に対して、母親は「へー、面白い意見だね」「いいところを見ているね」とホメ言葉を返してくれる。褒《ほ》められるのが嬉しくて、いつも商店街の店の様子を観察する癖《くせ》がついたという。

観察すると、実際にいろいろなことが分かった。

飲食店は従業員の着ているものが清潔だと流行るし、汚れたものを着ているとそれだけで客が入らない。ラーメン屋で大盛りを注文するのはブルーカラーの人が多い。子ども心にも、観察だけで、それぞれの店の内情が理解できたのである。

また、母親は、店で買いものをしたときも、千円札を出して、

「お釣りがいくらか、言ってごらん」

すかさず計算させた。計算するためには、常にどの商品がいくらで、母親が何を買ったのか、注視していなくてはならない。そうした集中力、観察力に加えて、暗算能力も必要である。

こうした日常の母親との買いもの体験が、長じて銀行の仕事をするようになってからも、「活きた」とA氏は断言する。

いわば、人間を見る目や店舗を見る目、そろばん勘定のセンスが、自然に涵養《かんよう》されたのである。

すべて机上の勉強では身につかないものばかりなのだ。いくらペーパーテストが優秀でも、社会で役立つ実学はそうは簡単に身につかない。いかに幼いときからの育てられ方が大切であるかを、A氏の幼時体験は物語っている。

私が思うに、A氏のお母さんの褒め方が良かったと思う。

母親は褒めるときに、抽象的な表現で褒めているのではない。A氏の言葉の、具体的な事実に対して、具体的に褒めているのである。

近ごろは「褒めて育てる」が流行っているようだが、たいていは「○○ちゃん、頭がいいね。いい子だね」みたいな、褒められた側が、何に対して褒められたのか分からないような褒め方をしている。

こういう褒められ方に慣れてくると、ひたすら思い上がった子どもに育つだけである。

子どものうちはまだいいが、たいていは大人になるまで思い上がりが直らない。

大人で思い上がっているヤツは、ハナつまみになるか、自滅していくかだけの人生を送ることになる。

褒めるのは、具体的な行為や結果に対して、具体的に良いところを指摘しながら褒めるのでなくてはならない。子どもは褒められると嬉しいから、指摘された具体的なことに対して、もっと褒められようとするのだ。

A氏も「褒められると自信がついたし、もっと細かく観察、分析する癖がついた」と述懐《じゅっかい》している。

幼児期の母親の影響は、ほとんどの人の場合、無視できないくらいに大きい。だれも、仕事で忙しい父親とはあまり会話をしないのが常なのだが、母親の言葉などはけっこう覚えていたりする。

おそらく子どもと接する時間が長いからに違いない。だから母親がどのような教育をしたかということは、多くの人のバックボーンになっていると思う。

「財を残すは下。仕事（組織）を残すは中。人を残すは上」と言ったのは後藤新平だが、よき母親は知らず知らずのうちに「稼ぐ人」をつくっているのである。

いくら世の中が進歩しても、ビジネスの、人間の、本質は変わらない

母親の教育の続きになるが、「稼ぐ人」は日本の伝統的価値観に忠実であることをここで指摘しておきたい。決して欧米流の、合理的な、冷め切った思考法で事業を行なっていないということである。

年功序列である。終身雇用である。「自分と一緒に苦労して会社をつくってくれた人間がいちばん偉い」と公言してはばからない。家族的経営である。上場企業になろうなんて考えない。会社を大きくしようなどという考えもない。

これが儲かる会社であり、儲かる経営者の経営である。

前述の古賀氏などは、ネコも杓子《しゃくし》も「株式上場」と騒いでいたとき、呆《あき》れていたものだ。

「上場したら、自分の会社ではなくなるじゃないか」

そんなに自分の会社を愛していないのかね、と言わんばかりだった。

自分の会社なら、一緒に苦労してきた仲間と一緒に、もっともっとていねいにつくり上げて、待遇をどこよりも良くして、その恩に報いようとするのが当然だ。創業者利得とやらに釣《つ》られて、株をどこのだれとも分からないやつに渡して、平然とすることなどできるわけがないのである。

これが伝統的な価値観に育てられた経営者の発想である。

この伝統的価値観を育てるのは、家族以外にない。

たとえば、名前を大切にする。自分の名前には、それを付けてくれた両親の思いが込められている。こういう人間になってもらいたいという思いがある。長男である私の名前「治《おさむ》」は、江上家を治《おさ》めてほしい、という願いから付けられたと聞く。その思いを、自分の名前を通して大切にするのである。

それが伝統的価値観を大切にする原点といってもいい。

それはさらに、お年寄りを大切にするとか、電車の席を自然にふつうに譲るとか、目上を立てるとか、挨拶がきちんとできるとか、おすそ分けするとか、そういう日本に昔からあった美風につながっていく。

古賀氏は、新入社員の初月給に対して、「お母さんに、おかげさまで社会人になってお給料をいただきましたと手紙を書いて、1万円だけでも送れ」と言っている。親に対する感謝の心である。

親に感謝の言葉も伝えられない、近所の人に挨拶の一つもできない若者というのは、伝統的価値観から大きく外れているのである。

この世の中は面白いもので、一つの安定した秩序というものを維持したい欲求に貫かれている。礼節、マナー、親子の愛情、長幼《ちょうよう》の序《じょ》、あるいは感謝などといったことなどは、安定した秩序の中から生まれ、それを維持していくエネルギーである。

時には時代の秩序を破壊する革命的な事態も起こって、いま挙げたことがいったんは消滅するように見えるのだが、時間が経つと、不思議なことにいつの間にか元あった世界に戻っている。

明治維新にせよ、第二次世界大戦の敗戦にせよ、いかにもそれまであった世界が滅んだように思えるのだが、人間の本質に関わる変化はまったくない。

どのような革命が起こったとしても、皮相的《ひそうてき》には大きな変化があったり、根本から揺らいだように見えるのだが、時が経てばブーメランのように、マナーも、親子の情も、長幼の序も、感謝の心も、元に戻っているのだ。

それがこの日本の世の真理と言っていい。

だからこそ伝統的価値観に立つことが、いちばん自然なのである。**自然なことが、この世の中に受け入れられる基本なのである。受け入れられる行動や考えを持たなくては、とうてい「稼ぐ人」にはなれない。**なぜなら、長い目で見て自然に反しているからだ。

山本五十六《やまもといそろく》は、教育の基本的態度について「やってみて、させてみて、褒めてやる」ことを第一義とした。伝統的価値観を幼いときに母親や父親に施《ほどこ》してもらった人は、世の中の自然の流れに沿って、「稼ぐ人」となっている。

実にありがたいのは両親であり、家族であると言わなくてはならない。

執着心から生まれるストレス耐性は、「稼ぐ人」に不可欠な能力である

とてつもなく「稼ぐ人」で驚かされるのは、ストレス耐性の強さである。どのような状況の中に置かれても、あるいは不遇な環境に追い込まれても、決してあきらめることがないのだ。

だれしも不遇な状況におかれたり、人から受け入れられなくなった経験はあるはずなのだが、それに負けたらお終《しま》いである。

力がないから不遇に追い込まれるのではない。むしろ、実力があって目立つ人ほど、周囲のねたみやひがみ、反感を買って、追い落とされる可能性がある。

その際のストレスは、言うにいえない重いものがある。ひょっとすればオレはこれで終わりではないか、そういう思いもよぎるだろう。だが彼らは、みごとにそこから再起している。不遇から再起することが重要なのだ。

そのためには、もくもくとストレス状況に耐えて、チャンスをつくっていかなくてはならない。ただ「あきらめない」という、自らの強い意志だけが頼りなのである。

前出の古賀氏は、営業マンとしてのサラリーマン時代、つねに売上げがトップだった。当然ながら、ねたまれて、いちばん業績のよくない支店に飛ばされた。最下位に低迷する支店の支店長である。支店内は不満とコンプレックスとやる気のなさに満ちている。

だが、古賀氏は切り返し方が実に鮮やかだった。氏は着任そうそう、取引先から社員、女子社員、掃除のおばさんにいたるまで、すべての人にヒアリングを行なったのである。

取引先に対しては「うちの会社のよくない点は何でしょうか」、支店のスタッフに対しては「前任の支店長のやり方で、直さなくてはならないところ、みんなが迷惑していたこと、きらいなところ、こうしてほしい点は何か」、それらをすべて聞き出したのだ。

古賀氏が言うには、「組織は頭から腐る」ということだった。**会社の不振は社長以下経営陣の責任。そいつらが腐っているからである。業績がよくないのは、支店長にすべての原因があるのだ。正すべきはトップのあり方をおいてほかにない。**

その結果、この支店の業績不振がどこに由来しているか、明瞭になった。仕事のルール無視やら怠《なま》けといった当然の原因があったが、古賀氏が注目したのは取引先や社内の弱いものいじめだった。真っ先にそこを改善した。

「前任者の悪いことの逆をやればいいんだ。特に弱いものが私のファンになるような運営をすればいいんだ」

こんなことをすれば絶対に失敗するだろう、と感じた逆のことを行なったのだ。このときの体験は独立する上で、すごい参考になったと述懐したものである。少なくとも失敗しないやり方だけは学んだという。

山口県の中核都市の超有名美容室のナンバーワン店長だったH氏も、結婚した直後、生まれた子どもが重篤な心臓病だったため、妻の故郷に帰らざるを得ない状況になった。実家の助けを得る必要があったからだ。

今度は山口県の田舎町である。人口の多い都会から山深い小さな町に移って開業したのだが、とても美容室が成功できる環境ではない。

「オレも、ここで終わったかな」と一時は落ち込んだものだが、「いや、子どものためにもがんばらなくては」と思い直した。

カリスマ美容師といわれたくらいだから、技術は抜群だった。しかしH氏の偉かったのは、技術のみに寄りかかるのではなく、接客マナーと店舗の清潔さを重要視したことだった。特に、お店は絶対にきれいでなくてはならなかった。

「トイレは自分で掃除した。それも掃除用具などは使わない。毎日、素手で汚物をぬぐい取り、隅々まで磨き上げた」という。

技術の素晴らしさも加わり、たちまちお客様が、寝る間もないくらい訪れるようになった。

あまりにお客様が多くて、最初のころは腱鞘炎《けんしょうえん》になったほどだった。多くの弟子たちを育て上げ、今では年商21億円を誇る美容室グループのオーナーである。

「強み」は得意分野ではない。「強み」は自分で見つけてはいけない

だれであれ、成功するまでには、相応の時間がかかる。その長い年月の中で、時に襲いかかってきた不遇な時間と、決してあきらめずに戦う、というのは、ストレス耐性の強い人でなくてはなかなかできない。

このストレス耐性というキーワードは、「稼ぐ人」になるためには、とりわけ重要である。

だが成功の条件はこれだけではない。もう一つ、見逃しそうになる条件として挙げておきたいのは、私の知る創業社長たちが、「自分の強みを自分で決めていない」ことである。

分かるだろうか？　自分の「強み」を自分では決めていないのだ。

「なるほど、そういうものか。面白いものだな」と私は感じたのだが、彼らは決

して事業選択で「ムリをしていない」「好きな分野、得意な分野に入っていない」のである。

第1章でも触れたように「好きなこと」「やりたいこと」をして成功したのではなく、極端な表現を使えば、他人が決めてくれて、それに素直に乗って行ったというのである。

画期的な物流システムをつくり上げたS社長は、もともとトラック運転手だったが、20代で独立すると決めてバイク便の会社を始めた。

それを愚直にやっているうちに、人の縁、出会いがあって、「こういう物流システムをつくれないか」という人が現れ、一所懸命につくってみると、高い評価を得た。それが積み重なって、他にはまねのできないトラックの物流システムをつくり上げたのである。

このS社長については、もう少し詳しく第6章で触れたい。ともかく、水が流れるように縁《えん》に添って生き、縁に添って仕事をしているうちに、頼まれな事業を手がけ、儲かる会社をつくり上げていたわけなのだ。

古賀氏も、「オレは社長になぞ、なりたくてなったんじゃない」とつねづね言っている。

初め共同経営のパートナーがいた。自分は営業部長でいい、お金が稼げるだけでいい、と言っていた。

だが事業を続けているうちに、お前、社長をやってくれという状況が自然に生まれて、引き受けたのだと言う。

運がいいと一口で言ってしまえばそれまでなのだが、**最初から「これがオレの適職だ」「好きな仕事だ」などと決めて、それに向かって生きたのではないということが重要なのだ。**

「素直さ」がない人には、本物の「強み」は見つからない

前述のS社長にせよ、古賀社長にせよ、共通して言えることがある。

周りの人を大切にしたり、伝統的価値観で人に接したり、素直にアドバイスに従ったり、周りの環境に溶け込んで行った結果、いろいろな経験を乗り越えて実は自分のいちばん稼げる領域が見つかったのである。

ここで大切なのは「素直さ」ということになろう。

S社長も人との出会い、縁に素直に従った。そこには、ムリに肩ひじ張って「おれが、おれが」というさもしい意地がない。

このS氏の素直さには、老子の言う上善如水《じょうぜんじょすい》（上善は水の如《ごと》し＝理想の生き方は水のような柔軟で謙虚なものだ）に通ずるものがある。

古賀氏は独立前、ひとりアポなしで、アメリカへビル・ゲイツに会いに行ったことがある。このチャレンジ精神もすごいのだが、そのときホテルのテレビで、昼の時間帯に飲料のテレビ通販のコマーシャルを見た。アメリカでは通信販売が、当時から盛んだった。

そのときに、知り合いのアメリカ人から、「日本にはテレビ通販が、どうしてないの？　やったらいいんじゃないか」と言われたという。

古賀氏は帰国後、独立に際してこのテレビ通販を真っ先に採り入れた。教えられたことを素直に聞き入れて、「まずやってみよう」と考えたのが成功に結びついたのである。

S氏にしても古賀氏にしても、のちに自分の強みとなる分野を強引に開拓していったのでなく、人に教えられた方向で「これは！」と思うことを素直に実行した。人の言うことを、柔軟に聞く耳を持っていた。実は、それが成功にいたる入り口だったのである。

「稼ぐ人」たちは、どんな女性をパートナーに選んでいるのか

こうして述べてきたことをひとつのキーワードで表現するとすれば、それは「環境の選択」ということになるだろう。「稼ぐ人」「成功した人」は、例外なくこの環境の選択に間違いを犯さなかったということである。

人生において確実な事実を言えば、人間は確実に環境の変化、ライフサイクルに支配されるということである。15歳までの環境、20代の体験、すべてがライフサイクルに影響を強く及ぼす環境である。

どのような環境のライフサイクルがあるかを、図示しよう。

「稼ぐ人」になりたいなら、社会に出るときの職種、業種、会社の選択を間違えてはいけない。私は地方大学を出て大手の金融機関に入ったが、この世界ならば落ちこぼれと言われながらも40歳くらいで年収８００万円から1千万円くらいは

もらえる。
しかし、同じように高給をもらえるからと言って、今後、退潮《たいちょう》していくであろう職種や業種、会社を選んだらどうだろう。若いうちは高給でも、次第に尻つぼみになり、やがてリストラの渦に巻き込まれかねない。

さて、この図の中で、私が特に注意を喚起したいのが、パートナー選びである。事業を成功させる上で欠かせない会社の片腕＝パートナーも重要であるが、ここでは家庭でのパートナー、つまり奥さんのことを言う。

私の見るところ、稼ぐ創業経営者は20代でパートナーを見つけ、そしてその女性の性格などは、経営者と逆のタイプを選んでいる。離婚はしない。これが共通したものである。

サラリーマンでも同じだろうとは思うが、だれしも男は生涯の比較的若い時代に、命がけで仕事に集中する時期があるものだ。その期間は寝る間も惜しんで働いて、食事中も仕事、寝ても覚めても頭の中には仕事のことだけ。馬車馬《ばしゃうま》のように働く。

環境のライフサイクル

あなたの環境のライフサイクルは？

- **職種**のライフサイクル
  技術者は機械系より電子系、IT関連は人材不足。昔の注目職種はいったいどこへ。
- **業種**のライフサイクル
  家電はもう中国へ、日本が世界最強だった液晶、半導体も韓国や台湾へ。今後の成長業種は？
- **会社**のライフサイクル
  大企業は安定しているが伸びる速度は遅く出世は遅い。優良中小企業と共に成長すると役員へ。
- **伴侶**のライフサイクル
  妻の才能で夫はラクができる。夫がのびればその妻は賞賛される。
- **人脈**のライフサイクル
  友人や周囲の人達がサクセスすれば、あなたにもパートナーやスポンサー関係でチャンスが。
- **生活**環境のライフサイクル
  孟子の母が孟子の学問などの成長に良かれと、引越しを何度も繰返した『孟母三遷』の故事は有名。
- **国家**のライフサイクル
  共産国家の興亡、資本主義国家の隆盛と停滞。次なる国家形態は、新興国から始まる？

そういうときに、もしも奥さんが旦那さんの足を引っ張ったり、家庭内に不協和音が起きたりしていたらどうだろう。当たり前の話だが、仕事に集中することなどは、絶対にできないはずである。

逆に、旦那をティアップし、サポートしてくれるような奥さんだったりすれば、思いのまま旦那は事業に集中できる。

家庭というのは狭い空間であるが、その狭い空間に、この上なく強い味方が一緒に住んでいるのか、あるいは、まったく敵のような人間が住んでいるのかによって、人生は正反対の様相を呈するのである。

成功する事業家というものは、察知力が鋭い。適切な配偶者を選んでいる。その適切な配偶者の条件が、自分とまったく逆のタイプということなのである。

彼らはエネルギー量が凡人に比べて飛びぬけて大きく、強い。お金もバンバンと使うタイプが多い。古賀氏などは金遣いに独特の考えを持っていて、

「考える力は追い込まれないと出ない。追い込んだほうが絶対に成長できる」

と、売上げが落ちたときに高額のビルを購入したりするのである。

専務などはあわてるが、そうやって自分を追い込み、同時に周りに切迫感・危機感をあおって、会社全体に成長のすさまじいエネルギーを巻き起こすのである。**そういう旦那を持つと、ときには奥さんまであおられてしまう。自分まですごい人間になった錯覚を持ちがちだ。浪費をしたり、取引先に対して権柄《けんぺい》づくになったり、要は「最低女房」になることがある。**

ところが、古賀氏の奥さんはつつましい専業主婦で、コツコツ型。周りが場合によるとちやほやしても、まったく応じないで、控えめを通している。

田舎町の美容室の社長H氏も、メーカーや弟子たちなどに対して、相当激しい要求をするのだが、それをそばで見ている奥さんは、「すみません、いつも主人がムリ言って……」とフォローしている。

言ってみれば、稼ぐ創業社長というのは猛獣みたいなものなのであって、奥さんがうまく一歩下がって操縦しなくてはならない……、つまり奥さんは猛獣使いだと理解すればいい。

この猛獣使いがいないと、エネルギー量の多い彼らはどこに飛び出していくか分からない。世間から、ごうごうと非難を受けるかもしれない。

こうした内助の功で、創業社長の人生がどれほど助けられているか、分からないのである。ほとんど事業成功とその発展は、半分が経営者の奥さんが担《にな》っていると言ってもいいほどだ。

それが「稼ぐ人」の奥さんである。このことが旦那さんにも分かっているから、結果として離婚などはしないのである。

一方、凡人と言ったら失礼だが、ふつうの人は洞察力、察知力というよりは、どちらかと言えば、容姿などの見た目の好き・嫌いだけでパートナーを選ぶ。だから、自分と同じようなタイプの人間を選んでしまいがちである。

同じタイプの人間というのは、たとえば買い物にしても趣味が合うから、いいときはうまく行くのだが、ダメになったとき、落ち込んだときには、一緒に同じリズムでダウンしていってしまう。それでは困るのだ。

どうしたら「稼ぐ人」向きの妻を獲得できるか。選ぶコツが分かれば、人生が楽しくなるだろう。これが実はあるのだ。その秘訣について述べなくては、言いだしっぺの私の責任は果たせないに違いない。

「好きな」女を妻にすれば、一生「稼ぐ人」にはなれない

「稼げる人にベストフィットする妻」と先に記したが、これは女性から見た「ベストフィットの夫選び」とも言える。要は、自分にいちばん向いた異性のパートナーを選ぶには、どのような点に目をつけたらよいのかということである。

その選ぶコツの第一条件は、古賀氏やH氏の例を見るまでもなく、自分とまったく逆のタイプ、というのが不可欠である。

だが、「逆のタイプ」を探し当てる前提には、当然ながら、まず「自分のタイプとは何か」を知ることが必須条件になる。自分を知らなくて、その逆を、といっても、それは雲をつかむような話になるだろう。

これが、実は難しい。難しいがやらなくてはならない第一ハードルである。己を知るためには、厳密な分析が必要だ。

いちばん手っ取り早いのは、これまでにけんかしたヤツの名前を書き出し、その性格を箇条書きにすることである。好きな人間よりは「嫌いなヤツ」のほうが、その性格を正確に把握できているからだ。特にヘドが出るほど嫌なヤツの名前を書き出して、どんなところにヘドが出るか分析する。

で、結論を出すのだ。その嫌いなヤツ、けんかしたヤツ、ヘドが出そうなヤツ、実はその人間たちとあなたはかなり相似形なのである。そいつらとあなたはよく似ていて、性格もマインドも裏でつながっているのである。

いやな結論だが、人間関係学からは、そう言うしかない。

さらには、身近な、あなた自身をよく知っている人の知恵や協力を得なくてはならない。メンター、両親、親しい友人、彼らからそれとなく聞き出すのである。これには多少のテクニックがいるが、金銭感覚やら礼儀、計画性、勤怠《きんたい》性、責任感などをさりげなくヒアリングする。

こうしたことの総合的なデータから、あなたの性格が浮かび上がってくるはずである。そのような「自分の性格」とはまったく逆の異性、それがあなたのベストパートナーとなるのである。古賀氏やH氏は、そのことをまさに直観力、洞察力で嗅《か》ぎつけているだけだ。

ただし、幾人かの候補が挙がった段階で、注意しなくてはならない項目がある。ベストパートナーらしく見えたにしても、「こういう人は敬遠しなさい」というタイプである。

たいした欠点じゃないと軽く考えて、うっかりパートナーにしてしまうと、ののちのちえらい話になる。稼げる人になるはずなのに、まったく逆に「没落させてしまうパートナー」となるからである。

たとえば「占い好き」がそれである。彼（彼女）の心は占いによって、つねに動いている。占いが頼りであり、人生を生きる糧《かて》である。ということは、何事にも他律的に生きているということである。こういうタイプは、確かな自分の考えや判断よりも、他人の考えに振り回されやすい。

あなたの生き方や行動の邪魔をする可能性もある。ベストパートナーとは言い難いのである。

また、「ブランド好き」というのも困る。この種の人間には、ぬぐいがたいコンプレックスや欲求不満を、強く内包している場合が多い。何がしかの不幸な経験を持っていて、それをトラウマとしているのである。

現実的に考えても、ブランドが好きな人間は厄介《やっかい》だ。ブランドグッズが好きなら金がかかるし、大学や会社ブランドが好きなら、いつもあなたはそれらと比較されながら付き合わなくてはならない。金食い虫や批評家をベストパートナーとは、絶対に言うことが出来ないのである。

最後に付け加えたいのは、男と女は狐《きつね》と狸《たぬき》の化かし合いだ、ということである。化かし化かされる、となれば本質的にビジネスと同一であり、男女の関係はビジネス関係の同一線上に位置していると言うことができる。

つまりは「食うか食われるか」の関係である。

これが夫婦という生涯のパートナーであってもまったく同じことだ。食うか食われるかなのだから、「好きだ嫌いだ」だけで相手を選んでいたら、食われ放題の人生＝没落続きの人生になる。

特に男はだらしがない。一時の気の迷いで、われとわが身を没落させる女に、手もなく引っかかってしまうのである。どうか本書の読者だけは、このような愚を犯さないでいただきたいものである。

第2章のポイント

「とんでもなく稼ぐ人」の成功7か条

- 「あれが欲しい」という欲のエネルギーを最大限に膨らませろ。ただし、その欲を活かす「環境」の選択を間違えるな。
- 小さなことを、きちんと観察せよ。観察すれば、必ず現実処理の法則が導き出される。
- 親に感謝せよ。礼儀を忘れるな。長幼の序を守れ。これがこの世の真理であり、愛される究極の秘訣である。
- ピンチはチャンスと思え。だれでも落ち込むときがあるが、そのときをじっと耐えれば、黒雲は必ず去っていく。
- 人との出会いを「チャンス」と心得よ。愚直に、素直に、人に学べば、自然に道は開けてくるものだ。
- 環境の選択を間違えるな。稼げない環境に身を置いたら、一生、稼ぐ人間にはなれない。
- 特に「妻」「夫」という環境の選び方を間違えてはならない。基本的には、自分と性格が逆のパートナーを探せ。

第3章

メンターから教わるべき非常識な「稼ぐ人」7か条

「稼げない人」にも救いはある。それが「稼ぐ人」の7か条

メンターは助言者、指導者、恩師といった意味で、日本でもふつうのビジネス用語になっている。若手社員などに能力開発やキャリアプランなどをアドバイスするメンター制度を採り入れている企業も多い。

しかし前にも触れたように、「稼ぐ」とは単なる理論でもスキルでもない。実体験としてのよりよい生き方を模索し、具体的な形で実現することである。

だから、私たちが「稼ぐ人」になるためには、「とてつもなく稼いでいる人」の考え方や人生態度に触れて、そこから学ぶしかない。

いわば人生上のメンターとして、その人に弟子入りするわけだ。行動や片言隻句《へんげんせっく》によって語る重要なアドバイスを私たちが感受性を研《と》ぎ澄《す》まして受け取り、こ

ちらの人生の土俵に移し変えて行動し、実現していくのである。

それらのアドバイスは、彼らの生き方そのものからにじみ出てきた箴言《しんげん》であるから、小さな言葉でもその人の人生ほどの重みを持つ。その意味を考えれば考えるほど貴重であり、ムダなものは何一つとしてない。


私も多くのメンターに出会ってきた。

私は熊本県天草市に生まれ、地方の大学を出ると大手損保会社に入社した。その後、外資系保険会社に転職したが、このサラリーマン時代に代理店支援営業・新規開拓分野で全国1位を4回受賞し、最短・最年少でマネージャー昇格を果たした。

36歳で独立した。FPとして、人脈ゼロ、資金ゼロからの独立であったが、苦闘する中で、ありがたいメンターたちとの出会いがあったのである。

出会うたびに、非常に多くの勉強をさせてもらった。私は必死にその言葉を聞き、仕事に採り入れ、生き方の指針としてきた。おかげで多くのことが血肉になり、現在の私につながったと思う。

ここでは、ビジネス世界に生きるために、また「稼ぐ人」になるために必須であろうと思われる項目にしぼって、メンターのアドバイスをお伝えしたい。

①ビジネスにおける大義（正義）
②投資マインド
③お金の使い方
④人を見るポイント
⑤身内こそ大事
⑥性格に合ったビジネスモデル
⑦人の使い方

この7つである。

大義のないビジネスは、必ず打たれる

ビジネスの大義ということを教わったのは、何度か登場していただいている健康飲料会社・㈱アサヒ緑健社長の古賀氏である。

古賀氏は健康飲料のテレビ通信販売に成功したのち、他から持ち込まれた話であったが、地元・福岡のゴルフ場の経営に乗り出した。破綻に陥ったゴルフ場の再生事業であった。古賀氏は、この二つの事業をみごとに両立させた。

第三者から見ると、健康飲料とゴルフ場とは、一見、関係がない。健康飲料事業が成功して、資金に余裕ができたので、いわば道楽でゴルフ場の経営を始めたんだろうと見られないこともない。

しかし、事実は違った。ゴルフ場経営はコンセプトとして健康飲料事業ときちんとつながっていたのである。

古賀氏の会社の健康飲料は、主なお客の年齢層が50代以降である。年配の方が健康補助食品として購入する。ゴルフ場もこの年代層のために再生し、開発したのだった。

さいわいゴルフ場は、福岡市内から車で30分以内の至近にある。会員権も20万円くらいで買えるようにした。このような条件にあるゴルフ場ならば、50代くらいの人たちに、あるいは60歳になって退職した人たちにも、気軽に愉《たの》しんでもらえる。

「別に、ゴルフ場のビジネスなんか、したくなかったよ」

と古賀氏は言う。

しかし、健康食品を買ってくれる客層は、同時にそろそろ引退を迎える人たち、すでに引退して何もすることがない人たちである。

ならば、そういう人たちに安い料金でゴルフを、スポーツライフを愉しんでいただこう。これが、破綻したゴルフ場の経営を引き継いだ理由だったのだ。

ここで重要なのは、「本業との関係の密度」である。つまり、ターゲットもコンセプトも同じ、本業の延長線上にあった事業だったことである。

のちに詳しく「稼ぐ人」の法則で触れる「市場との関係性・拡張性・一貫性」の典型だったのだ。

一つの事業に成功すると、えてして人は他の分野にも手を出しがちだ。エネルギー量の高い人は、特にその傾向がある。ひと口に言えば「調子に乗ってしまう」のである。

どれほど多くのすぐれた事業家が、成功したがために思い上がり、本業を忘れ、別の事業に進出して本業そのものを崩壊させてしまったか分からない。

古賀氏による、このゴルフ場の再生は、一方で、地域経済の上からも大変貢献するものだった。

ゴルフ場が潰れてしまうと、キャディさんをはじめ勤めていた人々などが失業してしまう。また、これまで会員だった人の会員権は紙くずになってしまう。産業の少ない地方経済にとって、これらは強いマイナス要因として働くだろう。

再生させれば、雇用も守れるし、税金も払うことができる。どれほど大きなプラスになるか分からない。

古賀氏は働くキャディさんなどのために託児所までつくった。労働環境の整備という点でも貢献しているが、こうしたさまざまな背景を考えてのゴルフ場の経営だったわけである。

「ビジネスにおいて大事なのは、ある程度成功したら、大義、正義の実現、そして使命感に基づいて行動することだ」

古賀氏はそう言う。それが、成功したのちに「足をすくわれないコツだよ」とも言っている。むしろファンを増やすことにつながるのだ。

事業で成功することは諸刃《もろは》の剣《つるぎ》であって、大きな利益を得ると同時に、周囲のやっかみ、ひがみを誘発させることでもある。成功者の足をどうしても引っ張りたくなるものだ。**成功したら必ず襲ってくる、そうした大小の波を消す消波構造物の役割を負うのが、「大義、正義」であると言うのである。**

お金は、人を殺す

「だから君も、FPとして、またコンサルタントとして、大義名分がないと、引き摺《ず》り下ろされる。何のために君は中小企業の、とりわけ売上増のコンサルをするのだ。それを明確にしなくてはならない」

古賀氏はゴルフ場再生事業のいきさつを話してくれたあとで、そう厳しい口調で私に指摘した。

確かにそのとおりである。サラリーマン時代を含めて、これまで他の同業者がうらやむような実績を残してきたわけだが、その志《こころざし》をきちんと自分で把握《はあく》しておかないと、いつどのように失敗するか分からない。

私は古賀氏に、自分の「中小企業を元気にしたい」志、コンサルタントとしての大義を、幼児期から大学時代までの体験にさかのぼって聞いていただいた。

私の場合、大義は理屈・理論に基づくものではなく、父をめぐる環境の中から生まれたものだったからである。

熊本県天草の私の育った家は、代々続いた商家だった。ところが教員をしていた、お人よしの祖父が家業を継いでから傾きだし、亡くなるときには当時のお金で、2億円の借金を抱えていた。本人の借金に加え、親戚などの借金の保証人になっていたための負債だった。

返済の義務を負ったのは、跡を継いだ長男の父である。何軒かあった家作《かさく》を売り払ったが、まだ借金は大半が残った。

受け継いだ家業は家電店だった。残った借金を返すために、父は寝る間もなく働いた。父が休んでいる姿を、私は見た記憶がない。

もともと病弱で、小児麻痺《まひ》もわずらった父は、少し足が不自由だった。その体で、島中に扇風機一個届けたり、修理に出かけたりして立ち働いていた。

私が大学4年、22歳のときに父は糖尿病を悪化させて亡くなった。その保険金で借金は完済したのだが、まだ実は隠れた借金が出てきた。

それは、父の弟の保証人になっていたためにできたお金で、400万円ほどだった。その弟は行方不明になっていた。

私は、父の他の兄弟にその借金を分担してもらうよう頼んだのだが、だれからも断られた。このお金は母が支払う羽目になった。彼らは結局すべての借金を父と母に押し付けたままだったのである。

「お金って怖いな。人を変えるな。みんな自分の得しか考えないんだな」

とそのとき痛感したものだ。

父の葬儀のとき、一人のおばあちゃんが参列していた。島の外《はず》れに住んでいる人で、若いときに大きなやけどを負い、手が焼けただれて不自由な人だった。

父はそんな遠いところまで、注文があれば出かけて行っていた。

そのおばあちゃんが、涙を流して私に言ったのである。

あなたのお父さんにはお世話になった。お父さんは近くに仕事で来ると必ず寄ってくれて、電球を替えたり掃除をしてくれた。私は手が不自由だから電球も取り替えられないし、扇風機も掃除できない。それをお父さんが全部やってくれた。

ふつうなら手も指もただれて気味が悪いといって、近づきもしない。ここまでやってくれた人はいない。とても嬉しかった……。

「あなたも、お父さんの生き方だけは、ちゃんと見ておいてね」

おばあちゃんはそう言って、父の遺影に手を合わせたのである。

——衝撃だった。

一方で、「お金は怖い。お金は人を左右する」という事実があり、一方では「しかし、人間、お金だけじゃないな。死んだときにその人間の価値が分かるんだな」という真実がある。パスカルの「棺を覆《おお》うて人定まる」そのものである。

商売は「お金」である。お金がないと身を削るようにして生きなくてはならない。だが、商売は「お金じゃない」という側面もある。お金儲けだけが商売ではない。人間の価値、商売の価値は別にある。

お金の力と人間・商売の価値。この表と裏が胸に迫って、私は人生で大切なことを父の葬儀の場で理解した。

売上げを挙げる。これが人を一番元気にする

お金を大切にしながら、なおも人間や商売の価値を高めるような人生を歩まなくてはならない、私はそう考えた。

この幼児期から青年期にかけての体験が、FPとして独立したのち、自然の流れとして「中小企業を元気にしたい」方向へ私を向かわせた。

中小企業でもうまく行っている企業がある。しかし、うまく行っていない企業、経営者もある。なぜ、うまく行き、うまく行かないのか。

あれほど寝ずに働いた父が、なぜ、借金に押しつぶされながら亡くならなくてはならなかったのか。

父は商売の怖さ、大変さを身をもって教えてくれたと思う。

私への遺言は、

「商売をしたら苦労する。お前はサラリーマンになれ」
だった。

私も長男だったから、本来であれば父亡き後、家業を継ぐ立場にあった。だが、私は母と弟に家を任せ、退路を絶つようにして東京へと出た（だがやはり血筋だったのかもしれない。私も結局、独立独歩の道を選ぶことになるのだから）。

いずれにしても、うまく行かない会社の経営者は、結局、お金に四苦八苦して人生を終えてしまうのである。

彼らを元気にする解決策はないのか――。

幸い私は、いまから4年前、セミナーに参加したことがきっかけとなり、売上げ増の企画の達人といわれる㈱企画塾代表の高橋憲行氏の知己《ちき》を得た。

高橋氏は30年以上にわたって自治体や官公庁、大企業のコンサルに関与し、最近では地域活性化のために中小企業、商店の売上げ増の支援をされている。

昨年から私は企画塾の営業顧問を務めているが、中小企業経営者の悩みの解決を、高橋先生の考えに沿って「自分の強みが分かる」「売上げを上げる」という点にしぼり、特に地方の中小企業の社長に伝えようと決めたのだった。

売上げを上げ、企業が元気になれば、救われる経営者やその家族がたくさんあるだろう。

「そういう思いで、自分にできることで、中小企業の売上げを上げ、元気にするコンサルタントになりたいんです」

そう言うと、古賀氏はうなずいてくれた。

「それさえあれば、それは人を動かすし、動かす意味もある。足も引っ張られない。大義を持って仕事をしないと、FPが調子に乗ってコンサルをやり始めた、本を出したと言われかねないからね」

古賀氏からは、ビジネスにおける大義そのものが、大きな力を発揮することを教わったのである。

無用は、人であれ、モノであれ、すぐに切れ

お金は人間を変えてしまうことを、私は青年期の入り口で経験したが、それだけお金は強力なパワーを秘めている。プラスにもなり、マイナスにもなる。

そのお金の、ビジネス上での扱いで、「稼ぐ人」は例外なく「1円たりともムダには使わない」という姿勢を貫いている。

つまり、ビジネスでのお金はすべて「投資勘定」という考えである。

遊びでは結構豪快にお金を使ったりする人たちなのだが、ことビジネスに関係するお金については、徹底的にムダを省く。コストカットできるところがあれば、どんな項目であれ、徹底してコストカットする。

年商21億円の美容室グループの総帥である山口県のH社長は、美容室の家賃を、自ら家主に電話をして値下げ交渉するほどだ。

不況のいま、「景気が悪いから家賃が払えません。下げていただけませんか」という訴えほど説得力のあるものはない。この交渉を、社長は美容室の入っているビルすべてに行なう。

家主にしてみれば、値下げできませんと断ることもできるのだが、もっと安い場所に移られても困る。不況下であるから、テナントがすぐに決まるとは限らない。空き室で放っておくよりも、多少の減収には目をつむって、値下げに応じたほうがいいという判断に傾く。

この値下げ交渉で、美容室社長のH氏は「2割も値下げすることができた」と言っている。

2割は大きい。この値下げ金額が、何人のお客様のカット代に匹敵するかと考えてみれば、コストカット＝値下げ交渉はまさに投資なのである。この投資は、そのまま利潤になるのだ。

ビジネスで使うお金は、すべて投資だから、生きなくてはならない。だから値切れるものはすべて値切る。だが逆に、ここにお金をかけるべきだと判断すれば、思い切ってお金をかけていく、というのも投資勘定である。

要は、お金の遣い方のメリハリである。

私が広島市に事務所を出す際に、このH氏からアドバイスされたのは、

「事務所は、いい場所に借りなさい」

「接客するスペースには、お金をかけなさいよ」

ということだった。

お客様が来やすい場所に事務所を設けること、その事務所の中でもお客様と接するスペースのみにはお金をかけること（社長室はどうでもいい）の2点である。

そこで広島駅に近い街のど真ん中に事務所を構えた。また、応接室の内装にお金をかけ、関連書の本棚、ＤＶＤ、資料などを完備してプロらしい雰囲気を出し、お客様が見えたらすぐにお茶を出すといった態勢も整えた。

いずれも「投資」なのである。


一方で「お金にならないものは直ちにカットしなさい」とも言われた。社長室を豪華に飾ってもそれはお金に結びつかない。なくてもかまわないのだ。

人間に対しても同じだった。無用な人間は、すぐにクビを切れ、である。

経費のすべてが生きているのかどうか。売上げにすぐに結びつくのか。投資勘定ではつねにそれが問題となる。そろばん勘定である。

ホームページをつくったといって満足している社長がいるが、ホームページが売上げに結びつかなくては無用の長物、いや経費をかけただけソンだ。広告宣伝費もしかりだ。

あるカリスマといわれた料理人が独立して、そろばん勘定もできないのに内装費に大金をかけた。

「前の店では人使いが荒かった。オレは人を大切にする。社会貢献をする」と言って、社会保険に全部入り、社員の福利厚生にもお金をかけた。

だが、毎月赤字の連続。2年で倒産した。

投資勘定なしの商売は破綻する。破綻すれば雇っていた人も路頭に迷う。つぶれた会社、儲からない会社は税金を払えない。税金も払えない会社は、どんなにエラそうなことを言っても社会に貢献できない。

メリハリのないお金の遣い方は破綻に結びつくのである。

若いときの背伸びは、大いに結構

メンターには、自分への投資といった視点から、「お金の使い方」を考えることも重要だと教わった。それも20代の早いうちに教わる機会を得た。エリート社員でないことが幸いしたと思う。

前述のように、大手損保に入社して東京本社に勤務した。幹部候補生の総合職だったが、「お前はバブル時だから入社できた」と散々言われたものだ。大手の金融機関には、東大とか慶大の卒業生が多い。その中の地方大学出身である。落ちこぼれである。

ならば、実績を残すしかない、と思っていたところ、半年で生まれ故郷の熊本の支店に転勤になった。配属されたのは営業1課でいきなり課長補佐だ。

その部署にはフルコミッションの営業部隊が40人くらいいて、その営業サポートをするわけである。しかし課長補佐とはいえ、何もできない。課には、何でこんな何もできないヤツをよこしたんだ、みたいな空気があったが、ありがたいことに上司がいい人だった。

「あんたも大変だな、こういうところに配属されて。まあ、保険のことを徹底的に覚えなさい」と、支店のお局《つぼね》さんの横に席をつくってくれた。

彼女は約款《やっかん》の内容、商品の内容、書類づくりといった、いわば内務事務処理の大ベテランだった。ほぼ1年間、そこにいた。疑問点はとことん彼女に尋ねた。彼女も熱心な私のために、残業してまで教えてくれたものだった。

同期の連中からは「お前、総合職で入って、やっていることは女みたいな仕事じゃないか」と笑われたが、私にできることと言えば、営業マンに約款をみながら提案書をつくってあげることしかなかった。しかし、保険に関する資料についてはボロボロになるまで、読んだり書き込みしたりして勉強した。

おかげで営業マンから、私がつくる提案書はなかなかいいという声をもらうまでになった。私とのコミュニケーションが、営業にプラスに働くと知った彼らは、しばしば食事に誘ってくれた。

この時期に、損害保険に関する仕組みや商品内容を、生きた知識として、徹底的に頭に叩き込むことができた。大変幸いなことだった。

2年目に、販売代理店をつくる仕事に変わった。このときに、営業マンと親密に交わった入社1年目の経験が生きた。彼らは、自分の人脈を紹介してくれた。また、私をかわいがってくれた上司が、地元で空手道場を開いていて、その人脈も紹介してくれた。

上司は「人脈を増やすために、ゴルフくらい、やれ」と言って、ゴルフ道具を一式くれた。なおかつ彼は、ゴルフ会員権を3つほど持っていて、その中の一つを安く譲ってくれた。熊本ではそれなりに名門ゴルフ場で、25歳の私はその会員になったのである。

当時の私にすれば、決して安いお金ではなく、借金して買ったのだが、この投資は大きかった。

そのゴルフ場のメンバーは会社の経営者が多かった。年配の人ばかりで、そういう中で25歳の青年がいると、目を引く。

「君は若いのに、なぜ、ここの会員になったの？」

「いや、ゴルフがうまくなろうと思ったら、上手な人とするのがいちばんいいと言われたもので」

「面白いね、君は」

そんな会話もあって、可愛がられた。こうしたことがすべて代理店設立のための人脈になった。たちまちのうちに15店の代理店をつくることができた。

そしてこの代理店の売上げが、その年の支店トップになったのである。

自分に投資するという意味では、高額なゴルフ会員権を25歳の男が買うと同じような、少々背伸びした行動がときには必要になる。

「この人のようになりたいな」と思う人と同じ行動をとるわけである。

飛行機もたまにはビジネスクラスに乗る、ホテルもハイアットに宿泊する。そうした自己投資によって、一流のサービスとは何かに気づくし、ふだんの自分とは異なる視点でものを見、考えることができるはずである。

計算するな、プライドは捨てろ。人の心を動かす「行動」ができなくなる

実業で一家をなした人はたいてい「コンサルなんてきらいだ」と言う。「ほとんどインチキだ。口先だけだ。コンサルの力で企業を伸ばした実績が、本当にあるのか。あるなら言ってみろ」という考えだ。

こういう実績があります、と答えたコンサルには、「その会社に、いまから電話をしてもいいか」と聞く。「いいですよ」と即答できる人間なら、付き合ってもいい、とある人が言っていた。

人を見るには、言葉ではなく、行動だけを見ろというのである。

電車に乗っていて、おばあさんが入ってきたら、とっさに席を譲る行動ができるか。能書きはいくらでも言えるが、とっさの行動を能書きにたけた人間ほど取れないのだ。

特に困ったときに助けてくれる人は、人を裏切らないから付き合ったほうがいいとも言っている。

銀行などはそれこそ「晴天の日に雨傘を押し付けようとするが、雨の日にはお願いしても貸さない」人間が多い。売上げがいいときには「付き合いで預金してください」「お金を借りてください」とうるさいほどだが、そういう行員とは付き合ってはいけない。

わざと「売上げが思わしくなくて困っている。お金を借りたい」といって、飛んでくるような行員、そういうヤツとは付き合っておきなさい、と幾人かの成功者から教えられた。

人間評価の基準を「行動」に置く人は多い。

「巧言令色《こうげんれいしょく》鮮《すくな》し仁《じん》」と孔子は言うが、いくら口でうまいことを言っても、行動が伴わなくては評価されないし、信用されない。言っていることと行動が逆ならば、馬鹿にされるし、軽蔑《けいべつ》されるだけだろう。

人間の行動は、実に正直にその人の人間性を表すものだ。だから行動は重要なのである。真摯《しんし》な行動は誰かが見ていて、いつか評価してくれるのである。

私も愚直に行動をして、それが思いがけない結果へと展開した経験がある。

熊本支店トップの実績をつくったあと、ある会議で、「トップになったのは、君が熊本出身だからだ」と言った人がいた。別の課の課長だったが、地元だから有利だというのである。

で、売り言葉に買い言葉で「それなら、3年以内に全国一になる。全国一なら地元とは関係ないですからね」と言い放ってしまった。

これ自体、子どもじみた意地っ張りなのだが、26歳の私は、全国一になれなかったら、会社を辞めようと決めた。

上司に相談すると、「大口を取るなら、銀行営業するしかないな」と言う。銀行は多くの企業と取引しているから、銀行を通して関係企業群に営業をかけることができる。

彼は私の腹のうちを確かめてから、言った。

「会社を辞める覚悟があるなら、分かった、やってみろ」

太っ腹の課長で、本来なら数字の取れる部下を放出するはずがないのだが、私を金融機関の営業セクションに異動させたのである。

私は必死になった。毎朝7時半に銀行に行き、「今日、どこか同行できるところはないですか」と関係部署を回った。各銀行を、毎朝、訪問した。するとその私の姿が、ある銀行の副頭取の目に留《と》まったのである。この人は夜間大学を出て副頭取まで上った伝説の人だった。

だれや、あれは。毎朝来て、面白いね、という話になって、役員室に呼び込まれた。事情を話すと「なかなか、チャレンジ精神がある」と、以来、各支店長を紹介してくれたり、県会議員などに引き合わせてくれたりしたのだ。

また、ゴルフを通じて、熊本一の地銀の副頭取や、日本を代表する大銀行の支店長などにも可愛がられた。

全員に可愛がられる必要はない。ある重要な人をファンにしたら、人生、すごいことが起こる。そういうこともこのことで学んだ。

こうして念願の全国一の売上げを実現したのである。

こうしたい、と考えたら、素直に即行動するのがいちばんいい。計算や、変なプライドを持つと動けなくなる。愚直な行動が人の心を打つのである。

「元気、礼儀、気遣い」はビジネスセンス それがファンを増やし、助けてくれる

熊本支店の上司には、ゴルフを通して人脈をつくる方法を教わったり、銀行営業への異動を図ってもらったりしたが、「まず身内に可愛がられよ」という大事なことも教わった。

身内は、社内の人であり、先輩・友人・知人であり、家族である。こうした身近に接する人たちと心を打ち解けて付き合い、ふだんから可愛がってもらっておかないと、いざというときに、大変な困難に陥る。

上司が、熊本支店に配属されたばかりの私に向かって、まず申し渡したのは、そういうことであった。

「身近なところにファンがいないと、社外で君のファンなんて絶対に増やせないぞ。だから、新入社員として支店全部の先輩に可愛がられろ。よそのフロアに行

ったら挨拶だけはしろ」

熊本支店のビルの中で、私は1階フロアで仕事をしていたのだが、たとえば4階の経理課に上がるときには、「おはようございます、経理課長！」と大きな声を放って入っていく。

どこにせよ、他部署の人に元気よく挨拶する。新入社員はそれしかできない。しかし、挨拶すれば顔も覚えられる。元気なやつだと好印象をもたれる。それが営業の基本だというのである。

大きな声で挨拶し、元気に話すことは、だれが見ても気持ちのよいものだ。

私がゴルフを通して会話を交わすようになり、可愛がられて、営業成績の向上に少なくない影響を与えてくれた銀行の支店長や役員などは、私のそういう点を気に入ってくれていたと思う。

また、社内の先輩への接し方にしても、礼儀を忘れない。気遣いを忘れない。私に事務処理のイロハを教えてくれたお局さんにも、何かあればケーキなどの心遣いをする。そういうセンスのないやつはファンを増やせないのだ。

新入社員のうちは、社内の人も、みんなお客様だと思え。それ自体が営業のイロハなんだ、と上司はアドバイスした。

社内にファンが多くいれば、たとえば客先から頼まれて、その会社の商品を売りさばかないとならないとき（保険会社ではしばしばある）に、「お願いします」のひと言で引き受けてもらうこともできる。そうすれば、「彼はきちんと約束を守って、うちの商品をさばいてくれた」と、社外にもファンができていく。

要は、困ったときに助けてくれるのは、身内だけなんだ、ということだった。

健康飲料会社・㈱アサヒ緑健の古賀社長も同じことを言ったものだ。

「身内への感謝の気持ちを持っていれば、決して調子に乗らない」

古賀氏が新入社員に、初月給のうちから1万円でよいから母親に送るように言った話はすでにしたが、そういう気持ちをいつも持っていれば、ビジネスで間違いはないという。古賀氏自身がそうなのである。

成功者はエネルギー量が高いから、お金遣いも荒いときがあるけれど、ビジネスにおいては、実はものすごいコツコツ型なのである。例の一つが本業以外にはまったく手を出さないということである。

彼らは「調子に乗ったときに没落する」ことをよく知っている。たいていの小さな成功者は、少し儲かったために、調子に乗って本業以外の事業に進出し、失敗するのである。実例で、そういう失敗者をたくさん見ている。

それはつまり、ここぞというときに身近な人、親や妻や先輩、友人、かつての上司などがアドバイスしてくれなかったからだ。

ふだんから身内を大切にし、感謝の気持ちを持ち、その気持ちで接していたら、足を踏み外しそうになったとき、「おい、お前、大丈夫か」と聞いてくれる。諌《いさ》めてもくれる。

調子に乗りそうになったときに、そのようにひと言かけて、ブレーキをかけてくれれば、間違った道には人間、行かないというのである。

それは身内の人が、いちばんその人をよく知っているからでもある。

よいアドバイスを貰《もら》うためには、常日ごろから可愛がられていなくてはならない。そのためには、いつも謙虚でいる必要がある。

東大を出ているよりも、ビジネスの世界では謙虚で、可愛がられている人間のほうが強いのだ。

性格に、ビジネスモデルを合わせる

私は「これを目標に行く」と決めたら、あれこれ迷わずにまっすぐに突っ走るタイプである。この「まっすぐ走る力」がないと営業マンとしては業績を挙げられないが、必ずしもプラスだけではない。先へ先へと行って、フォローが手薄になるという欠点もある。

このことを独立間もないころ、ある実業家から指摘された。

「あなたは新規開拓をしまくるから、全国1位にもなったし、売上げがつくれる。しかしそういう人はアフターフォローが苦手なんだよね」

続けてその人は、次のようにアドバイスをしてくれた。

「だからあなたのような人は、苦手なアフターフォローのできる社員を部下にするといいよ。そうすれば、あなたの開拓精神、バイタリティ、どんどん人と付き合っていくよさが生きるよ」

つまり、私の「よさ」＝「まっすぐ進む力」を伸ばそうと思うなら、反対の性格の、「守る力」を持つ人を部下にしなさいというのである。部下は縁の下の力持ちになって、上手にサポートしてくれるに違いない。

これが「性格に合ったビジネスモデル」である。**自分の性格を正しく把握して、弱点をカバーする方法を考えるのである。場合によっては、それは部下の上手な起用法＝人の使い方にもつながる。**

実際に自分が苦手な分野をカバーしてくれる部下がいれば、大変に助かることは事実だ。アフターフォローをすることがその部下の「得意分野」であれば、もっといい。彼の性格を生かすことでもあるからだ。

そういうアドバイスを聞いて、さっそく私は月収6万円の外資系金融機関から当社に転職した男をフォロー役にした。私の開拓したお客のアフターフォローだけをさせたのである。

きめ細かくお客様に、今の為替《かわせ》状況はこうですとか、会社の売上げは変わっていませんか、私に何かできることはありませんかと、徹底的にお客へのヒアリングをするわけだが、そうしているだけで顧客企業の職員さんの保険契約を貰《もら》ったりし始めた。

もともと国立大学の大学院まで出た男だけに、頭は悪くないし、書類を整理したり、分析したりする仕事は億劫《おっくう》ではなかったようだ。何よりも彼の性格に合った仕事だったらしい。現在では、アフターフォローをするだけで月に200万円ほどの売上げ（手数料）を上げられるまでになっている。

私も後顧《こうこ》の憂いなく新規開拓にまい進できるし、彼もまた自分の性格に合ったポジショニングを得られたことになる。性格に合ったビジネスモデルが実現できれば、だれにとっても、まことにラッキーなのである。

性格に合ったビジネスモデルという点では、別の人にこういうアドバイスをいただいた。

「君はね、あまりお客様に気を使わないほうがいいよ」

気を使え、ではなく、使うな、というのである。初めは少々びっくりしたが、話を聞いて納得した。

どういうことかといえば、すべての人とお付き合いすることはないよ、ということなのである。この人も私の性格を知っているからこそ、ある意味では営業の鉄則に相反するようなことをアドバイスしてくれたといっていい。

「君は、曲がったことが嫌いだし、信念もある。そういう君を好きな人だけを相手にしていて、いいじゃないか。実績もあるんだから、堂々と自分の信念を伝えて、正論で、こういうことをしています、これはできます、これはできませんと、はっきりモノを言ったほうがいいよ。本当のファンが増えるよ」

妙に気持ちを曲げてまで付き合わなければならないような人とは、むしろ付き合いを止めたほうが「君らしい」との意味だった。

なるほど、それならばムリをしなくてもすむ。本音の付き合いを通すことができるだろう。性格にビジネスモデルを合わせることは、真に人を生かすことなのである。

第3章のポイント

「心に沁みた」メンターの教え

●なぜ、その事業をするのかを、きちんと胸を張って人に説明できるかどうか。それをまず考えなさい。

●遊びでお金を浪費するのはかまわない。だが、ことビジネスでは1円たりともムダ金を使ってはいけない。お金の使い方にメリハリをつけなさい。

●若いときには借金してでも一流のゴルフ場の会員になり、一流ホテルに宿泊しなさい。自己投資にお金を惜しんではならない。

●言葉だけでは、信用されない。必ず行動で示しなさい。愚直な行動が人の心を打つのだから。

●家族や先輩など、身近な人には心を尽くして接しなさい。彼らだけが、正しい心からのアドバイスをしてくれる。

●自分や部下の性格をきちんと把握しているかどうか。性格に合ったビジネスモデルがいちばん強いことを知りなさい。

第4章

商品としての「自分」を売れる とてつもなく「稼ぐ人」の法則

お金の匂いのする人になれ

商品としての「自分」を世に売れる人なのか、売れない人なのか、それはそのまま「稼ぐ人」になれるかどうかの分かれ道である。

商品としての「自分」とは、いやらしい言い方だと思う読者もいるかもしれない。しかし、決してそうではない。営業マン、セールスマンにしても、FPや税理士、弁護士のような士業にしても、お客様に自分を売れない人には、そもそも商売が成り立たない。

だから自分を売れることとの出来る人は、商売が出来る人であり、「稼ぐ」ことの出来る人なのである。では、どのような人が自分を売れる人なのだろうか。

売れる人は、いくつかの条件をクリアしている。その条件を見ていきたい。ただしこれらの条件は、すべて結びついている。

まず初めの条件は**「期待値」**である。これを高くプレゼンできるということが条件になる。

このことを教えてくれた人は生保業界で私が師匠と仰いでいる方で、現在は全国代理店を経営している。彼は生命保険のセールスマン時代、４年連続社内チャンピオンになった、伝説のセールスマンである。年収が当時、３億４千万円だったという。どこから見ても「稼ぐ人」だったのである。

その人に、「稼ぐ人はどこが違いますか」と尋ねてきたときに出た答えが「期待値」だったのだ。つまり、この人ならお金を預けても確実だ、自分の将来を明るくさせてくれそうだ、と相手に確信させることなのである。

具体的に言えば、稼げるセールスマンは最初に結論として「私にお任せくださ い」と言い切れるのだ。保険商品なら、「何年の間に、間違いなく、これだけお金は増えます」と言い切る。

明日が分からない世の中で、１００％間違いないということはあるまいと思うのだが、７割がたＯＫならば、「大丈夫です」「必ず実現します」と言い切ってしまうのである。この断言ができるかどうか、そこに「期待値」を高くできるかどうかがかかっている。

ダメな「稼げない人」と対比してみると、断言の力がよく分かる。

ダメな例で当社の社員を出すことにしよう。何度か登場している外資系企業で月収6万円だった男である。彼は真面目な、いい人間である。資料もコツコツとつくる。データを一つひとつ積み上げて、理屈も間違いない。

ところが、最後の段階でお客様から「必ずできる？　100％、大丈夫？」と聞かれたときに、「いや、必ず100％かと言われると……、それは分かりません」となってしまう。いわばお客様とのマインド勝負に負けてしまうのである。

それにしても「分かりません」と言ってしまったのでは「期待値」は相当下がってしまう。

「もっと確実な人に預けよう」となってしまって、お金を「稼ぐ人」にはなれない。俗に言う「いい人、でも、どうでもいい人」になってしまうのだ。

ほとんどの日本人は真面目だから、7割の可能性に対して、自信を持って「大丈夫」となかなか言えないかも知れない。

だが、それなりの分析や事前準備がしてあれば、7割8割の可能性を100％と断言できるほどの、自分の判断に対する自信を持つべきである。

これはその人の実績がもたらす自信というよりも、たぶんに性格的な力によるものと思う。メンタルな要素が大きい。メンタルな要素が大きいが、ある程度はスキルトレーニングによって改善できる。解決ができる。

たとえば、お客様にプレゼンする前に、どれだけ練習したかによって決まるということがある。

私もサラリーマン時代に行なったが、プレゼンのトレーニング風景をすべて、ビデオで撮影したものだ。それをあとで分析すれば、自分の言葉や態度のどこが良くないか、改善点が分かってくるのである。

どれほど良いものを内部にたくわえていても、アウトプットでしか、私たちは「成果」が出せない。アウトプット力を高めれば「期待値」も高まるのである。

バラ色の将来を見せることができているか

お客様の「期待値」を高めることのできる人が稼げる人になると同様、「未来を見せられる人」が結果的に稼げる人になる。

世の中には、お客様の不安や危機意識をあおって商品を売りつける商売もあるが、「長く、とんでもなく」稼ごうとするなら、そのまったく逆に、明るい未来を見せることである。それも、理屈ではなく、目に見えるように。

60歳を超える女性で、家族とFP事務所を経営している人が、まさにその典型である。彼女は30年前から貯蓄性の保険しか販売していない。俗にいう掛け捨てタイプの定期保険は扱わず、貯蓄性保険、それもお客様にメリットが高い終身保険のみだ。

彼女はごくふつうの専業主婦から保険業界に入り、今では独立して事務所を持っているのだが、30年近くこの分野でトップの成績を維持しているのである。

彼女のすごさは、話がうまいとか書類をきちっとつくれるとかではなく、この貯蓄性保険を購入すれば、何年後はこうなる、と未来のお客様の明るい姿を、まるで紙芝居のように見せられることである。だからファンが増えていく。

一時的に売上げを上げようとしたら、訪問販売で「水道の水はそのまま飲めない」「シロアリが出たら」と恐怖や不安をあおるのもよいが、それで長く稼いでいる人を私は知らない。

やはり、未来を映像で見るように明るく描いて、良い気分にさせてくれる人のほうが、長期間、稼いでいるようである。


この女性もそうなのだが、「稼ぐ人」は「一貫性」があり「得意分野」を持っている。彼女で言えば、貯蓄性保険を30年もの間、販売し続けていることだ。それ以外の商品には目もくれない一貫性と長さ。それが「稼ぐ人」の条件でもある。

一貫性は、別の表現を用いれば使命感といっても良い。

「この商品は、絶対に人の役に立つ」「だから、大いに売らなくてはならない」

「売ることが人々の幸せにつながる」という使命感である。

使命感を持った商売は強い。

㈱アサヒ緑健の古賀社長も、一つの商品で事業をやり通して、10年で200億円の売上げまでいっている。一貫性があり、使命感もある。

この古賀氏には「君も一貫性を持て」と言われたことがある。それが前章で触れた、「自分の話が分からない人は、お客にするな」というアドバイスである。

このアドバイスをいただいてから、セミナーでの話し方のコツを会得した。セミナーで話すときには、どうしても「全員に理解してもらおう」という気になる。だが、正解はそうではなかった。リアルターゲットを一人に決めて、その人にだけわかってもらえばよい、全員に受け入れてもらう必要はない、と腹がくくれたのである。

八方美人になると誰からも相手にしてもらえず、あるいは二兎も三兎も追った猟師は、一匹の獲物も得られないのである。

さらに、一つの商品を貫いていけば、当然ながら、その商品については他のだれにも負けないという自信、誇りが生まれてくる。何十年とその商品の研究をするわけだから、裏も表もすべてが分かってくる。

それが自分の得意分野になる。

60歳の貯蓄性保険を売る女性は、貯蓄性保険の中でも手数料の高い（収入が多く入る）終身保険の分野に特化している。

貯蓄性保険では、人気の高い学資保険があるが、そちらは手数料率が低いから扱わず、終身保険一本やりである。**いくらお客様に良いものだといっても、まず自分が儲けなくては意味がない。**

むろん、こちらのほうが付加価値が高いのだ。

その付加価値の高い分野を得意分野にするから「稼げる人」になるのである。

しかし、付加価値の高い分野で第一人者になるには、自分を磨きこんでいかなくてはならない。だから彼女は、その保険の活用法をよく知っている。

たとえば税務処理で税理士より詳しく、深く深く掘り下げた知識を持っているのである。

人脈、つながりこそ「資産」である。だから「おしゃべり好き」は稼げない

得意分野を持っている人は、人脈の広い人でもある。一つの分野を深く掘り下げているので、おのずと関係する人たちとは深いお付き合いになる。浅く広くと仕事をしている人よりも、濃密な人脈を構築しているのだ。

そのような人は一種の強い「求心力」を持っている。さまざまな人が、近づいてきて、さらに人脈が広がる。結果的に、そのような人の周りには網の目のようなネットワークが張り巡らされる。

私は独立した頃、本書ですでに何度か登場している山口県で開業した美容室の社長に可愛がられ、多くのつながりのある業界の方々を紹介してもらった。

それが、どれほど私の仕事の拡張に寄与したか分からないのだが、その社長は一例で、他のとんでもなく「稼ぐ人」たちは、みんな、だれもそれぞれの奥の深

いネットワークを築いていたものだ。

そうしたネットワークの中で、それぞれの商売にメリットのある人材や商材、情報などが交換され、さらに「稼ぐ機会」が広まっていくのである。

私も美容室の社長には、新しく美容室を出したい人などを紹介したものだが、良いつながりがどんどんできていくのを実感した。

「稼ぐ人」はそうした人とのつながりを、他の人に提供できる人でもあるのだ。それはそのまま他の人に儲けのチャンスを提供することであり、起業を助けたり、経済活動を活発化させたりといった社会貢献に結びついているのである。

自分がやりたいこと、好きなことをするのではなく、得意分野を開拓した人だからこそ、人脈のネットワークは広がっていくのである。

この場合には、単に「知人を紹介する」レベルではない。パーティーで話をしたくらいの人間関係ではない。お互いを深く知り、信頼するにたる人物であるからこそ、自分のつながりを提供できるのである。

人脈が広がれば、それだけ「稼ぐ」チャンスは拡大するのだ。ある意味では人脈はいちばん大きな「資産」といっていいだろう。

お金はもちろん大きいのだが、金融資産はいいときもあれば悪いときもある。浮き沈みが激しい。

しかし人脈は、あるレベルに自分をおいておけば、堅固な城壁のように自分を守ってくれるのである。だから非常に重要な条件なのだが、せっかく人脈を築いておきながら、自らこれを破壊してしまう人もいる。

それは、秘密を守れない人である。

この秘密というのは、他人や業界の利益のための「秘密」である。それを守れない人は、人脈からはじかれてしまう。そういう人は、社会が人と人との重なり合い、つながりで成り立っていることを忘れているのだ。

私の顧客で、もともとは弁護士ながら、タイで一部上場企業を経営している人がいる。その人も「秘密を守れない人間は、絶対に足を引っ張られる」と断言している。

そもそもトップに立つ方は、その業界におけるノウハウを、メンターやお取引先の方々に聞いて、それを実行して成功している。つまり、人と人のつながりの中で商売をしている。

そのなかで、裏のノウハウ、表のノウハウは、どの業界にもある。それを安易にぺらぺらと話してしまうのは、致命的なマイナスである。そうしたノウハウは、自分で開発したものでも発明したものでもない。すべて、多くの取引の中で磨きこまれて、出来上がっているのである。

それを、あたかも自分の手柄のように他言する。こうした人は、必ず、儲かっても引き摺り下ろされるのである。

街の酒場に行くとサラリーマンが会社や上司への愚痴やら非難やらをしゃべりまくっているが、それらはほとんど会社の機密情報である。

私はそういうサラリーマンを信用しないが、経営者でもサラリーマンでも、機密情報を口に出して恥じない人間は、例外なく「稼げない人」なのである。

知っていても口に出さない。それが「稼ぐ人」だ。したがって「秘密を守れる人」であることも、稼ぐ人になるための重要な条件である。

人間は、お金とプライドの奴隷である

「秘密を守る」と同じくらいのウェイトにあるのが「恩を忘れない」ということだ。恩、などというと、いまや古臭いといわれそうな風潮があることは百も承知である。

若い世代の人などには、あまり通ずる言葉ではないかもしれない。しかし50代、60代のしかるべき社会的地位にある方々には、この言葉は決して死語ではなく、人生の中の重要な心得るべきこととして生きているのである。このことを若い世代といえども、忘れてはいけないだろう。

恩を忘れたために、恩師の塾から出入り禁止になった人もいる。塾とは前出のマーケティング会社、高橋憲行先生の企画塾なのだが、塾を出入り禁止になれば商売にも多大な影響が出る。

その人は、企画塾で学んだ「売上げをつくる仕組み」を、あたかも自分の考えのようにして勝手にホームページに使ったりしたのである。

それで、高橋先生ご自身ではなくその周りの人々が、これは忘恩《ぼうおん》の行為であるということで、その人およびその組織を出入り禁止にしたわけである。この処置を高橋先生に進言し、実行したのは、50代以上の方々であるが、これを単純なセクショナリズムと解しては、むしろ失敗のもとになるであろう。

高橋先生の弟子としての生き方、プライドを、傷つけられた思いになったのである。

私は、人間は「お金とプライドの奴隷《どれい》」だと思っているが、特にプライドを傷つけられると、人間は怒るものである。

自分のつくった手法を勝手に利用するとか、知らないうちに自分の人脈を利用しているとか、ほんのちょっとしたことで、人はプライドを傷つけられるものなのだ。それらがプライドの拠《よ》りどころだからである。

したがって、だれのおかげで、いまがあるのか、ということを、成功し始めた段階では特に意識しなくてはならない。

ひと言、「ホームページに使いたい」という挨拶、事前の許可をなぜ得ることをしなかったのかと思う。**簡単なことなのだが、その人にはやはり思い上がりの気持ちがあったのではないか、だから恩というものを忘れてしまったのではないかと思う。**

成功した人、「稼いでいる人」ほど、そのような他人のプライドに対してはナーバスである。重要視している。ちょっとしたことでも、「紹介してくれてありがとうございます」ときちんと言うし、挨拶を欠かさない。

恩を忘れれば、人のつながりという重要な資産を失うのである。

とてつもなく稼ぐ人で、「誠実さのない人」を私は知らない

前項で述べた「秘密を守る」も「恩を忘れない」も、畢竟《ひっきょう》するところ、人間としての「誠実さ」ということに尽きるかもしれない。誠実さを忘れた人間は、結局は、人脈という城壁で囲まれた成功者集団の国から追放され、落ちこぼれていくしかない。

人脈による成功者集団、それは、堅固な城壁に囲まれた王国である。王国を追放された人間は、城壁の外に広がる、荒涼とした砂漠を歩き出すことを余儀なくされる。誠実さを忘れた人間の報いである。そのときはじめて、あれこそが「王国だった」と気づくはずである。むろん、そのときはすでに遅い。

人間としての「誠実さ」は、王国を追放されないための、「稼ぐ人」であるための、必須事項である。

ところで、事業としての「誠実さ」とはなんだろうか。人間としてのそれと同じだろうか。違うのだろうか。

これについて、明快に答えてくれたのは、㈱アサヒ緑健社長の古賀氏である。氏は、健康飲料のテレビ通信販売を始めて4年目くらいから、シニアのゴルフトーナメントのスポンサーをずっと続けている。1回のトーナメントには数千万円というお金がかかるのだけれども、事業が苦しいときも継続してスポンサーをしてきた。

このシニア・ゴルフトーナメントを、なぜ古賀氏は主催しているかといえば、主力商品の健康飲料と客層が一致するからである。お客への利益還元の一環としてのイベントなのであるが、健康増進という点でコンセプトが一致している。

事業における「誠実さ」とは、こういうことである。

主力商品を買ってくれるお客様に、同様のコンセプトでのお返しをする。健康飲料であるから、それもシニアをターゲットとした商品であるがゆえに、シニアのゴルフトーナメントを行なうのである。

これは古賀氏が（前に触れたが）倒産しかかったゴルフ場を買い取り、再建した思想をまったく同じ線上にある事業だ。

こうした誠実さは、しかし、本業の健康飲料事業が成功し、大儲けしているからこそ可能になっていることに注目しなくてはならない。大きく稼いでいるからこそ、「誠実さ」を提供できるということである。

稼げていない人間に限って、「お客様第一」とか「誠実でなくてはいけない」などと口にはするが、その「お客様第一」「誠実さ」を実現できるのは、何よりも本業が成功し、大儲けしていなくてはダメなのである。

「事業家の誠実さは、稼いだ後で出てくるものだ」

と古賀氏はいみじくも言っている。うわつらな口先だけの、偽善的な誠実さはいらないというのだ。

この言葉は深く私の心に残っている。

「稼ぐ」ためには人間として誠実さが求められるが、事業家としての誠実さは、稼いだ後で表現していくしかない。それが人間としての誠実さと、事業家としての誠実さの、決定的に異なるところなのである。

心に残っている成功者の言葉としては、もう一つ、山口県の美容室オーナーH氏のひと言も紹介しておきたい。

H氏は売上げで年商3億円以上の美容サロンを27店舗も持っている人である。この27店舗のうち、直営が20店舗。7店舗は氏の弟子たちの店である。弟子たちを自分の店で養成し（養成の方法は第5章に詳しい）、店をH氏の責任で経営させているのだ。

美容師としてもカリスマであり、美容室の経営でも大成功している、稀有《けう》の事業家である。

そのH氏に、一人の若手経営者が高級乗用車に乗って相談に来た。不況のいま、商売が非常にきつい。お客様がどんどん減っています、どうしたらよいでしょう、と。H氏はその店を見に行った。そして、言った。

「私はコンサルではないから、どうしたら経営を立て直せるのか、そんなことは分かりません。ただ、あなたの店を見たときに、大変汚い。店をどう考えているか知らないが、店はあなたにとって商品でしょう。商品が汚ければ、売れるわけがないでしょう。

売上げが落ちているときに、いい気になって高級乗用車などに乗っている場合じゃないよ。まず、店を磨きなさい」

どんな美容室でも新店のときは、3千万円、4千万円というお金をかけてつくるのだが、磨きこまないと汚くなるばかりだ。そうなるとお客様の足は遠のくだけである。

H氏は独立したときには、それこそ、休日もあらばこそ、寝ずに月平均500人の髪の毛を切って、しかも腕は折り紙つきのカリスマ美容師だったが、あるとき社員のトイレの掃除の仕方を見て、

「トイレはこうしてきれいにするもんだ」

腕まくりして、素手で汚物をきれいに拭い、両掌で隅々までぴかぴかに磨いた人である。私は、社員が「感動しました」と言っていたのを覚えている。

「店が商品だ、人が商品だ。そこを磨かないで、技術だけでお客様が来るものか。店の汚さを見れば、教育の仕方も分かる」

むろん、こう言われたからといって実践できるかどうかが問題である。メンターの言葉で変われる人と変われない人がいるのである。

「稼ぐ人」の不変の法則。関係性と拡張性、そして一貫性

「売れる人（商品）の法則」をまとめて言うと、「関係性と拡張性、そして一貫性」となろう。これが「稼ぐ人」のキーワードである。

関係性とは、市場に対しての関係性、お客様に対しての関係性である。これは、自分の強み、得意分野は何かということになる。他の人にできないことができる能力＝強み、得意分野を、市場に、お客様にぶつけていくことだ。

そして、それを拡張させていく。深く掘り下げていく。これが拡張性である。

さらに、一貫して、長くやり続けなくてはいけない。一貫性を持ってやり続けないと、市場への、お客様への信頼が生まれない。途中で投げ出さない責任感、使命感を持つことが重要になる。

健康飲料事業を展開する古賀氏の成功は、まさに「関係性・拡張性・一貫性」をみごとに融合した代表例であろう。

古賀氏は地元九州で事業を起こし、会社が年間売上げ200億円という大きな企業になったいまも、九州にとどまって全国に商品を発信している。東京に本社を持とうともせず、上場も考えない。地元で事業を展開し、地元の人を雇用し、地元に税金を落とす。

また、アクティブライフを会社のキーワードにして、商品は創業以来、一貫して健康飲料の単一商品であり、主力の顧客の健康を願って50代、60代を対象にしたゴルフのシニアトーナメントを主催している。

マーケットとの関係性は強固であり、そこを深く深く掘り下げ、集中的に時間とお金を使って事業を拡張している。しかも商品を独占しようとはせずに、大手飲料メーカーなどの参入を歓迎している。自ら大手企業のトップに会って、勧めてさえいるのである。

稼ぐ人の不変の法則

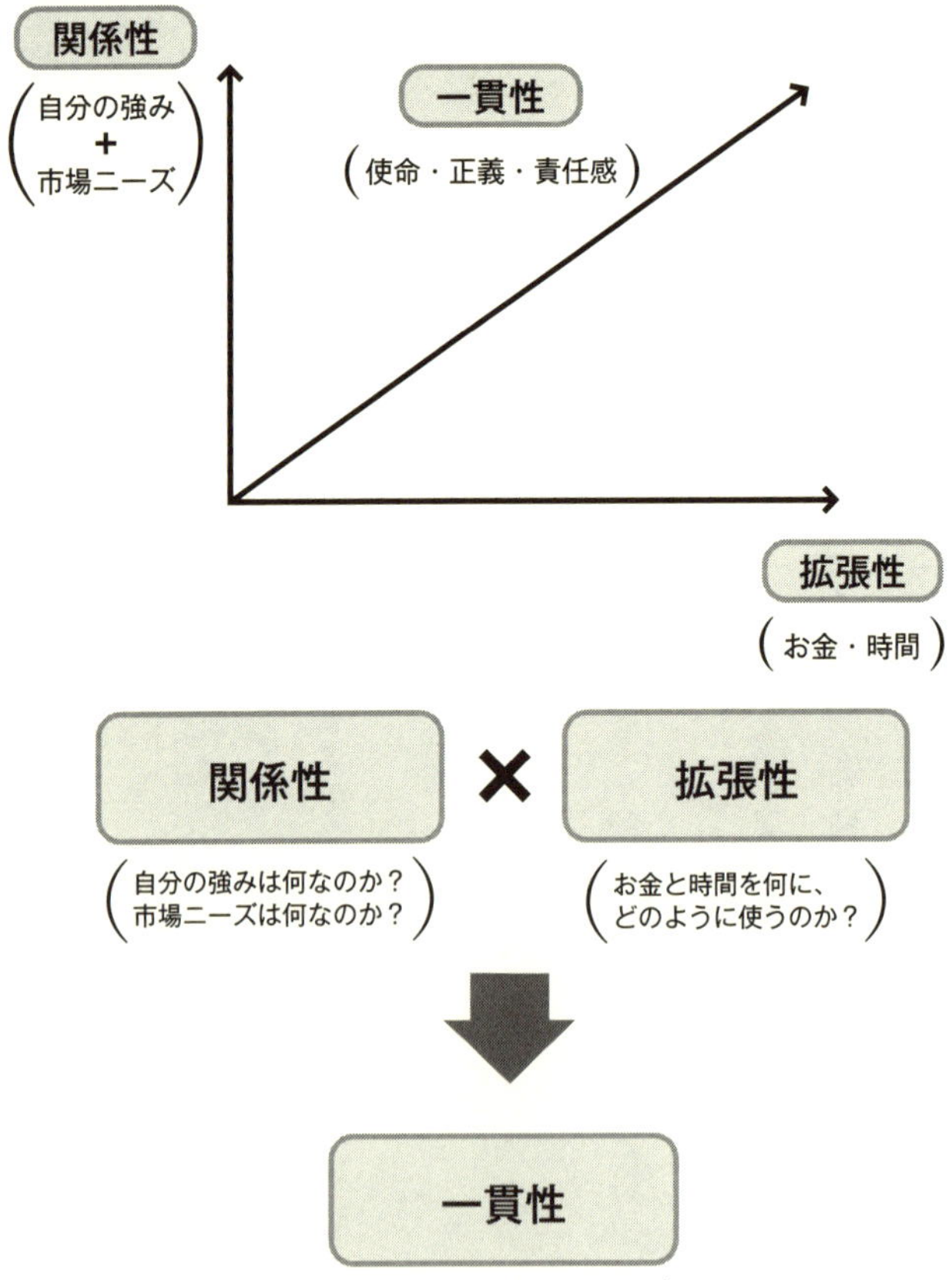
関係性
自分の強み
+
市場ニーズ
一貫性
（使命・正義・責任感）
拡張性
（お金・時間）
関係性
×
拡張性
（自分の強みは何なのか？
市場ニーズは何なのか？）
（お金と時間を何に、
どのように使うのか？）
一貫性
（使命感・正義感・責任感へ）

なぜなら、その健康飲料の名称が広まれば広まるほど、先発企業としての古賀氏の会社の商品は高ブランド化して行き、高シェアを確保できるからである。すべてが創業以来、一貫しているのである。この一貫性は、時間軸を長く持てば持つほど、信頼が生まれる。すでに古賀氏の会社の商品はブランド商品となっているが、この商品を拡張させることのみが氏の目標であり、決して他の分野への進出などを模索しない。

儲かっても浮気せず、本業に徹する。本業を深く深く耕す。それもまた、成功の重要な要件なのである。

第4章のポイント

「自分を売れる人」は、ここが違う！

●プラスのアウトプット能力が高いから、明るいバラ色の明日を、他人にイメージしてもらうことができる。

●ビジネス分野を手広く広げず、錐《きり》がどこまでも深く刺し込んでいくように、得意分野を深耕している。

●人のネットワークが広い。口が堅いから、だれからも、長く信頼され続け、さらにネットワークが広がっていく。

●受けた恩は、石に刻むようにして忘れない。

●人間としての誠実さと、ビジネス上の誠実さは違うことを知っている。「稼ぐ」ためには人間として誠実さが求められるが、事業家としての誠実さは、稼いだ後で表現していくしかない。

第5章

4条件をクリアできる部下は、間違いなく年収1000万円

突き抜けて「稼ぐ」には、分身を育てるしかない

前章のような「人＝稼ぐ商品」になると、大きな壁が出てくる。どんなに稼いでも、一人で稼ぐのは限界が出てくるのだ。

これはサラリーマンでも同じで、自分はスーパー営業マンになって稼いでも、それだけでは組織全体の生産性は上がらない。経営者ならば歳をとるだろうし、いつまでも「自分が商品」になっていると疲れてくる。

「稼ぐ人」から「とてつもなく稼ぐ人」になるには、どうしたらいいか、というのがこの章のテーマであり、処方箋である。

答えははっきりしている。自分と遜色《そんしょく》のないくらいに「稼ぐ」部下をつくればよいのである。サラリーマンなら、自分の片腕になるような人間、経営者なら、経営者頭《あたま》で仕事をする取締役クラスをつくればよい。

１人より２人、２人より３人、稼いでくれる部下が多ければ多いほど、生産性が上がる。会社なら自分の稼ぎは多くなる。

結果、「とてつもなく稼ぐ人」にどんどん近づいていく。

すなわち、マネージメントである。

だが、いかに稼いでくれる部下といえども、ゆっくりと養成しているわけにはいかない。人生の時間割は容赦なく過ぎていく。だから、部下は最速で養成しなくてはならない。

しかし、ここで問題がある。部下の選択である。

どんな部下が「稼ぐ人」なのか、見極めなくてはならないのだ。すばやく可能性のある人間をピックアップして、間違いなく「稼ぐ人」に育てなくてはならないのである。

こうした問題設定に、すでに現実に答えを出した人がいる。

山口県に住む美容室グループのオーナーＨ氏である。Ｈ氏はメンターの中でも人を育てるという分野では、私がいちばん素晴らしいと感じている方だ。美容師は一種の職人さんなので、わがままである。その美容師を育て、しかも会社は年20％の高率で伸び続けている。

H氏のやり方をトレースすれば、おのずと部下の選定も最速での養成法も分かってくるはずである。

H氏の美容室グループは年商21億円。店舗数は27店舗。2年前に部下を7人、グループ内の経営者にして独立させた。独立して2年なのだが、このうち4店舗は、すでに内部留保が2千万円を超す繁盛振りなのだ。

私はH氏に「どんな人間が稼げる部下なのか」「どのようにして育てたか」をインタビューして聞いた。H氏は実に正直に、真摯《しんし》にこれに対して答えてくれたので、レポートしたい。

年収1000万円稼ぐ部下の4条件とは

まず、稼ぐ見込みのある部下とは何か、H氏の答えは明快である。

①「人を喜ばせたい」というヤツより「なんとしてもベンツに乗りたい」という欲望のはっきりしている人
②自分を殺しても「目上にだけは恥をかかせない」滅私奉公のマナーを身に付けている人
③先輩の「欠点」「弱点」などをすばやく察知し、「先回りして穴を埋めることが出来る」鋭い洞察力を持つ人
④自分の「不得意、嫌いなことには目をつむって我慢できる」天性の鈍感さのある人

この4点がそろっていたら、間違いなく年収1千万円は稼げるという。これを聞いて、読者諸賢もピンと来るだろうが、「稼げる人」の条件と同じなのである。「稼ぐ」キーワードでいくと、着地点は同じになるということである。

H氏は、それぞれの理由を言った。

欲のないヤツは、結局、何をやりたいのかはっきりしていない。どんな動機でもいいから、「こういうこと（もの）が欲しいから、やる」という動機だ。女でも高級外車でもいい。目標がはっきりしているヤツは、マネージメントがしやすい。高級外車が欲しいというなら、「何年後に買いたい？　それなら買うための方法を教えてあげるよ」と言える。

しかし欲の弱いヤツは、考え方が中途半端だ。人を喜ばせたい、みたいなかっこいいことをいう。その程度の欲では店を任せられる人間にはなれない、とH氏は言うのである。

マナー・礼儀に関しては、昨今の若者はなっていないという声をあちこちで聞く。私もそう思っている。これに関しては、H氏ではなく、訪問販売で15億円以上の年商を挙げている、40代の伝説の営業マンに尋ねたことがある。彼は社員教育を徹底している人だったからだ。

「マナーの定義とはなんですか?」と言うと、彼は、「目上の人に恥をかかせない態度と行動です」と即答を返した。

この点、H氏も同様で、「目上を立てることができること」と答えた。

このマナー論は含蓄《がんちく》が深い。マナーとはお体裁ではないという指摘である。自分の意を一時、殺しても目上にだけは恥をかかせない、目上を立てる、いわば滅私奉公の対人姿勢なのである。

このマナーが身に付いているかどうかは、基本は親の教育一つ、そして最初にどういう会社で、どういう上司に仕えたかで、ほぼ決まるとのことだった。

マナーはたとえば入社のときの面接テストでは分からない。それよりも就職が決まってから、「息子をよろしくお願いします」と手紙をよこす親、お中元などを贈ってくる親に育てられた子どもは間違いがない、とH氏は言う。

こういう親に育てられた子どもは、人に対してどう対するか分かっているから先輩にも可愛がられる。だから技術もすぐに教えてもらえる。対人姿勢がしっかりしている人間は、周囲から可愛がられ、稼げるようになるのである。

洞察力は、相手の心理が読めることである。

早い話が、上司が「こうして欲しい」と思っていることを察知して、すぐにやってあげれば可愛がられて出世するのだ。

技術を先輩に教わろうと考えたら、先輩の求めていることを察知してすばやく手伝う。そうすれば、返納の法則で先輩も気持ちよく技術を教えてくれるだろう。こうして欲しい、という積極的な方向でなくとも、逆に「オレ、これが苦手なんだよな」と先輩が思うことを率先して引き受ける方向もある。

営業が得意な先輩の机の上を見ると、書類がたまっていたりする。洞察力があれば、「この先輩は事務処理が苦手なんだ」と分かるだろう。そうしたら、「整理、手伝いましょうか？」と申し入れしてみる。

それだけで社内で評価されるに違いないのである。

人の嫌いなこと、嫌がることを、代わりにやってあげれば、それだけで貴重な存在になる。大学時代にバイトで死体洗いという仕事があったが、ギャラは2時間で5万円だった。お金が欲しければ飛びつく仕事である。

しかし、洞察力がないと、こうしたことが空回りしがちだ。先輩にとって、してほしくないこと、余計なことをして、かえって疎《うと》んじられる。心理が読めないと悲劇を生むのである。

それも我慢強く続ける。もしそのことが、自分の得意でないこと、嫌いなことでもやって見せる。

むろんここでは一時的に自分を殺さなくてはならない場面も出てくる。しかしそれを続ける。続けられることがストレス耐性の強さである。

鋭いばかりが強さではない。自分の意を殺し、ストレスを受け止められる天性の鈍感さも重要である。

愛と金で部下を奴隷に

さて、こうした「稼ぐ部下」に最速で育てる方法である。

美容室のオーナーH氏は、前項で述べた4つの要素を持つ有望な部下に対して何をしたかというと、まず3年間、店長という役職を与える。そして自宅に住み込ませる。朝ごはんも夕ご飯も一緒。仕事も一緒。完全な丁稚奉公《でっちぼうこう》である。

H氏が言うには、「有能なヤツには丁稚奉公がいちばんだ。これを耐え切れば必ず自分の片腕になる」ということである。

さらに、夜、一区切りついたら、午前2時まで肩揉《かたも》みをさせるのだ。

肩を揉ませながら、「お前は今日、どんなことに気づいたか」などと質問しながら、1日の報告をさせる。この対話は何を目的にしたものかといえば、「視点のズレ」を矯正《きょうせい》するためである。

社長の視点と従業員の視点は、どうしても異なりがちだ。重要な点になればなるほど違ってくる。たとえば、どんなお客様を大切にするかという点だ。社長ならば、カット代金3万円のお客様を大切にする。しかし従業員は、話しやすいお客様、きれいな女性を大切にしがちである。

いろいろと話をしながら、「それは、お前、違うぞ」と、その場で徹底的に修正していく。

こうして3年間、丁稚奉公させると、必ず一人前の分身が出来上がるという。一人の分身をつくれば、さらに3人まで影響力が及ぶ。分身の彼が教育するからである。

こうした教育は教えられる側も大変だが、教える社長のほうにも大変な覚悟が必要になる。なまじっかな教育ではないのだ。だがH氏は「社員というものは、社長の器《うつわ》以上には大きくならない。人が育たないのは、全部、社長の自分が悪い」と言っている。その覚悟でやっているのである。

こうして3年後、まあまあ稼げるようになる。指名も入ってきて、年収で言えば1千万円くらい。だが、ここから本格的である。このくらいのレベルになると、人間、甘い蜜に誘われるようになるとH氏は言う。

美容室でいちばん多い成長阻害の要因が、女性関係である。なぜなら、お客様は女性ばかりだし、従業員にも女性が多いからだ。稼ぐ美容師はモテるのだが、女性関係のトラブルは、やはり商売にマイナスになる。

また、ちょっと成績がよいと、すぐ遊ぶ美容師が出る。これもその人間の成長を阻《はば》む要因になるのである。

そこで、H氏は将来性のある部下には、早めに二つのことをさせるという。

一つは結婚。もう一つは家、マンションを買わせることである。

社内で性格のよさそうな女性を「あの子はいい子だよ。結婚しろよ」と勧めて、くっつけるわけだ。ここで性格がよいというのは、美容師と逆な性格の女性だという。

早めに美容師と性格の逆な女性を勧めて恋愛させ、さらに結婚させるのは、むろん女性関係のトラブルを未然に防ぐためである。

恋人や妻がいて仕事が忙しければ、彼女以外に女性を考える余裕がない。恋人

（家庭）と仕事だけに集中するように計《はか》らってあげるわけだ。

さらに不動産を買わせると、これは多額の借金を背負うことになる。ローンを支払わなくてはならないから、その分、必死に働くようになる。遊ぶ暇がなくなるのである。

つまりは、仕事以外に目移りしないように、人生の重荷（結婚と借金）を背負わせるのである。

むろんこれは、H氏の愛情である。H氏によれば、美容師は35歳までが勝負だというのだ。床屋さんなら熟年になっても商売はできるけれども、歳をとった美容師ではお客様が来ない。美容師は、ある意味、人気商売だ。

人気のある若いうちに、是が非でも仕事にまい進して、一定の年齢になったら経営者としてマネージメントをする環境に入らなくてはならない。そうなるために、欲の旺盛な若い時期を仕事に強引に舵を切らせていくのである。

「利益を上げる人」と「会社を大きくできる人」は実はまったく違う

「教育にはお金をケチらない」ことも重要である。

H氏はヨーロッパの一流のヘアーショーなどへは、部下たちを交代で研究に行かせている。一人が出張すれば何十万、何百万円とかかるのであるが、欠かしたことがない。

これは欲のない部下を振り落とす場でもある。欲のない人間は、「どうだった？」と聞くと、「すごかったです」で終わりになってしまう。競争心のないヤツは使えない、ということになるのである。

ところが、一流のものに触れさせると、優秀な、伸びる部下は、いかに自分がまだ成長しなくてはならないかを実感する。負けず嫌いなヤツが多いから、必ず自分もそういうショーに出られるようになります、という。

H氏は、そういうヒアリング力、察知力が実に高いのだ。部下の一言一言で、こいつがどんな人間かが分かってしまうのである。

また、H氏の奥さんも偉い。H氏自身は部下が出張するに当たって「ここを見て来い」といった注文は一切出さないが、奥さんがさりげなく「あなた、ヨーロッパのヘアーショーに行くんだったら、こうこうしておくといい。ここに気をつけて見てくると役に立つ」というアドバイスをするのである。

また、使っているシャンプーなども、メーカーに頼み込んで、工場に見学までして、徹底的に研究させる。すると、そのシャンプーがどんな材料で、どのようにつくられているかがわかる。

そうしたことを研究させて、美容師が納得するほど知識を身に付ければ、たとえば、お客様の髪を洗うときにも、このシャンプーにはこういう成分が入っていて、だから地肌にとてもいいんです、といった説明が可能になる。

一種の、医学会でいうエビデンスであり、インフォームドコンセントである。お客様はそれを聞いて納得し、美容師への信頼感を高めるのだ。

H氏は、若くて有能な部下に、「自分のお客様を徐々に彼に譲っていく」ことも、重要な要件としている。このことは部下の将来のモデルケースにもなる。モデルケースというのは、H氏のように、いずれは自分のお客様を後継者に譲ることを、部下にも教えているからである。自分で稼ぐことが大事だが、いつまでも稼ぎ続ける策を考えなくてはならないのである。

いつまでも稼ぎ続ける方策というのが、自分の分身をつくる方法である。自分の分身であるから、お客様という替えがたい資産も譲っていく。それだけ責任も負わせることにもなる。

H氏はその部下にお店を持たせてしまうのである。お店を任せ、さらに自分のお客様もそちらに譲ってしまう。むろん、リスクのある選択である。もし、彼が店の経営に失敗すれば、お金もお客様も失う場合さえあるのだから。

しかしこのリスクを犯さないと、会社は大きくならない。まさに「恐怖と勇気の戦い」というにふさわしい。

私は創業で強い人と、会社を大きくできる人は違うと考えている。創業で強い人というのは、優秀な営業マンのように自分で売上げを上げられる人である。

しかし、そういう人が会社を大きくできるかといえば、そうではない。だれでも、自分の器量以上には、会社を大きくできるものではない。

会社を大きくできる人というのは、自分は裏方に引っ込んで分身を何人も育て、営業や技術から経営（マネージメント）に舵を切れる人である。

自分の資産を譲るのであるから、事業の承継戦略でもある。それによって経営者が増えていくのだが、H氏のようなやり方だと、増えていくのが、単なる経営者ではない。

3年間というもの、お膝元において丁稚奉公をさせ、肩揉みをさせながら、経営のイロハ、接客のイロハを叩き込んだ経営者であり、気心の知れた部下たちである。真に新しい店を任せられる人間が増えるわけで、会社が大きくなりながらも、贅肉はまったくない。

まことに筋肉質の強い会社が出来上がるのである。

社長の給料は、仮払いと理解させよ

優秀な部下を育てるには、会社に対するロイヤリティー（忠誠心）を抱かせる必要がある。そのための方策が、固定給を支払うことであり、もう一つは、収支をガラス張りにする、すなわち月次決算を全員にオープンにすることである。

最近は成果主義がはやりだが、ただ馬車馬のようにお金で尻を叩き続けても、社員にはロイヤリティーは生まれない。組織も伸びない。社員と会社のつながりは単に「労働」と「お金」だけになってしまう。

場合によれば、チームワークがめちゃくちゃになってしまう恐れもある。

人間、やはり、安心して毎日を過ごしたい社会的動物だ。とくに安定した経済的な基盤が重要だ。となると月々の収入が不安定なフルコミッションよりも、毎月、固定給で必ず支払われるほうが、心理的に余裕ができてくる。そういう意味で、固定給を支払うことが重要なのである。

さらに、月次決算をオープンにして、ルールを公開することも重要である。利益が出たらその3分の1は賞与で還元するといったルールである。H氏は利益が出ると必ず賞与と旅行で還元している。

旅行は社内旅行と家族旅行だ。社員みんなで行く旅行のほかに、家族旅行に手当てを出すのである。**固定給プラス利益を分け合う体制。働いて成果を挙げれば挙げるほど、利益が自分に還《かえ》って来るシステム。それが会社への帰属意識、ロイヤリティーを生むのである。**

さて、この月次決算をオープンにするケースから、私の部下の育て方にも触れていきたい。

H氏も行なっている月次決算のオープン化であるが、これは「経営とは何か」を教えることにもつながる。ガラス張りの経営、透明な経営である。これによって社長と社員のギャップを埋めることにもなる。

一人ひとりの社員は、どうしても自分のセクション以外に眼が行かない。自分の働きが会社全体の損益と、どのようにつながっているか、なかなか分からない立場にある。だが、毎月の損益が、営業収入や販売収入、交通費や光熱費といった収支の費目ごとに明らかになると、自分と会社全体の関係が密接になる。

それを社員全員に周知させることによって、現在の会社の状態や、自分たちが何をしなくてはならないかが理解できるのである。

このことは社長の給料の意味についても言える。

社長の中には、ガラス張りにすると自分（社長）の給料がみんなに知られてしまうじゃないかという人もいる。社長はたいてい従業員よりも月給（年収）が多いものだ。社長はこんなに取っているのか、と反発されはしないかと危惧するのである。

しかし私は、「社長がいちばん給料の多いのには理由がある」ことを、社員みんなに周知させる必要があると考えている。私自身は「社長の給料は仮払いに過ぎない」とみんなに伝えてある。

つまり、高給を取っているように見えて、実はそれは全部会社のものなのだということである。日本の場合、株式上場をしない会社では、金融機関から融資を受けた際に、すべて社長は担保を出したり連帯保証人になっている。

ということは、会社がうまく経営できている間は良いのだが、いったん傾きだすと、経営者の給料は未払いになるし、借入金の返済ができなくなると経営者の財産は金融機関に抑えられてしまうのである。

また、金融機関から融資を受けられないと、社長は貯金を叩いて役員貸付金という形でお金を会社に入れえるほかないのだ。

そのようにして、社長は会社を守っている。社長の給料とは、そのすべてを生活費として使える自分たちの給料とは意味が異なる、つまり会社の資金の一部であることを理解させることができる。その社長を守らないと、会社そのものの存立が危うくなるのだということを、社員に教えることもできるのである。

日ごろからこのようなことを見せておかなければ、いざ赤字になったときに、社員に「頑張ろう」という気にさせることはできない。

死ぬまでに、何をするか

もうひとつ、私は「時間」と「成果」の関係について、その意識を徹底させている。これも部下を稼がせる重要な要素である。

そもそも私たちの人生そのものが、「時間」によって成り立っている。人生は無限ではなく、いつかは終わりを迎える有限な時間である。その有限な人生という「時間」の中でビジネスは展開されている。だからこそ、ここに「期限」という意識が大切なものになってくるのである。

私のセミナーでは、こうした考えに基づいて「人生計画」をつくることを根幹にしている。むろん、部下への教育でも、人生計画から日々の時間割、24時間の自己観理（自分の行動を客観的に観察すること）を徹底させている。

これを行なうことによって、効率的に成果を挙げさせる効果は実に大きい。

人生の時間割

残り時間を観る

自分の誕生日（生年月日）と修了予定日を記入し、現在の年齢にタテ線を入れてみましょう。

●修了予定日
20　/　/

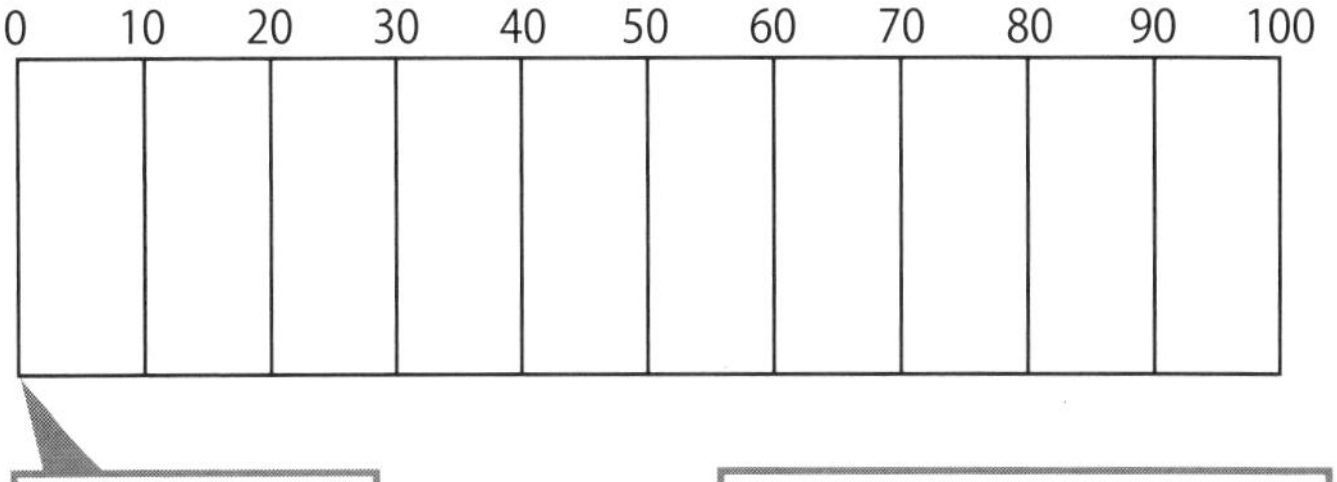

●誕生日
19　/　/

●残りの時間資源

年数	年
月数	月
日数	日
時間	時間

　死ぬ日（月日）の設定は、誕生日や、人生企画を立てようと一念発起した日など、自分の記念日を設定するのが一般的です。

　さらに、その年齢までに、残りの時間がどの程度あるのか詳細に計算してみましょう。

人生80年とは…

月数換算	960ヶ月
日数換算	29,220日
時間換算	701,280時間

すなわち、まず最初に人生の時間割（169ページの図参照）を前にして、生まれてから現在の年齢までを塗りつぶす。すでに過去となっている時間であるから、いまから活用できないことを確認する。塗りつぶした時点で、今日から自分の人生がスタートすると言い聞かせてもいいだろう。

次に、自分がこの世を去る日（死ぬ年齢）を決める。縁起でもないなどと言うなかれ。**いつかはだれだって死ぬのである。これほど明白なことは世の中にないにも関わらず、ほとんどの人は知らないフリをしている。知らないフリをするから、「期限」という大切な項目を忘れてしまうのである。**

ともかくデッドラインを決めないと、すべてに甘くなる。

この「死ぬ日」から逆算して人生を考えるのである。未来の人生をイメージし、人生の目的を明確にする。これが「人生計画」である。

さらに、10年刻みで自分がなすべきことを考え、最初の3年を詳しく具体的に考え、この1年の短期計画を立て、毎日毎日24時間の時間割、つまり時間の使い方に降ろしていく。

とくに「24時間自己観理表」（173ページの図参照）は、大いに活用している。これは企画塾の高橋憲行先生の教えでつくったものだが、社員の時間管理とお金の使い方の記録である。1日24時間の行動を、計画、行動、場所、費用の項目から記録し、さらに面談した人の記録、出会った人の整理である。

われながら面白いと思うのは、社員が会った人の名刺をここに貼るようにさせたことである。その名刺を私が見れば、どういう人と社員が付き合っているか、一目瞭然になる。

これを分析することで、いま稼げている人、あるいは将来成長して稼げそうな人にのみ面談するために、時間とお金を集中することができるのである。

たびたび登場する月給6万円だった国立大学大学院卒の社員は、この「自己観理表」によって厳しく私に訓練された。ときには夜9時から朝の4時まで怒鳴りまくって教えたこともあった。

それでも稼げるまでには3年、かかった。だがこうすることで、今では彼のお付き合いするお客様が全部年収2千万円から4千万円になっている。前職時代と現在の時間の使い方、お金の使い方はまったく違ってきている。それがそのまま

●今日の人材
　今日、初対面の人の名刺のコピーを貼る欄です。70%縮小（A３→A４へ、A４→A５への縮小比率）をして切り貼りをしてください。縮小せず通常サイズで凡例にはみだして貼っても問題ありません。

　また、名刺を貼るのではなく、そのまま記入することもかまいません。

　出会いのないケースには、この欄は、日記がわりや、自由な記入に利用するのもよいでしょう。

計画 plan	check	行動／fact	場所 place	費用 expenses
09:00				
15				
30				
45				
10:00				
15				
30				
45				
11:00				
15				
30				
45				
12:00				

日付 date　・年月日　曜	署名 signature
／　／　（　）	

●今日の目標（前日に作業すること）
　業務、面会、会議など今日、具体的にやるべきことを優先順位に記します。長期的なものに関しても、細分化して本日中に完了すべきものとして記します。目標は明快に、金額、比率、量など数字に表現する努力をしましょう。

●現実（前日に作業すること）
　上段に計画時間を記入、下段には現実時間、つまり現実に使った時間の細切れを、24時間票から転記集計してグラフとして表現してみましょう。この時間を徐々に削減してゆけば目標達成能力は高まります。

　また、時間表現するのではなく、目標を100%としてできた状況を%で表現してもよいでしょう。

●今日の目標（下欄）
　上の欄に上手に表現できない目標がある場合には、自由に書いておきましょう。

今日の目標	現実　計画時間 現実時間 50%
01	
02	

●今日の収支　earnings and expenses
　収支の記入は、常識的に。

●自己評価　evaluation
　各項目の評価と、総合評価を感覚的に自分の尺度で評価しておこう。３R（人的、知的、￥＄の３つの資源）３H（頭、心、体）なお頭脳の健康は、知的資源と同時に評価してもよく、評価欄は割愛しています。

●健康管理（ダイエット観理にも）
　食事は詳細に記入を心がけましょう。￥は 24 時間観理票に記入してもいい。他欄には間食等を記入する。嗜好品は健康面で課題のある人は、必ず記入を心がけよう。

内容　外食の場合、店名と費用		
朝食	計画時間 現実時間 50%	
昼食		
夕食		
他		
cigarettes 銘柄／本数／費用	tea&cofee 種類／杯／費用	alcohol drink 酒類／量／費用
体重	歩数（万歩計）	体温（時間帯）
体調　（5 段階評価とコメント） 最悪・不調・普通・良好・最良		

●24 時間自己観理
　自己観理とは、自分の行動を客観的に観察できるように管理すること。凡例に従って記入しよう。計画は前日に記入し、行動欄はできるだけ詳細に記入します。場所は、行動、業務の場所です。場所欄と費用欄を上手に活用すると、出張費観理にも活用できます。

　前葉計があるのは数日出張等の前日合計の記入欄です。

★帳票は右記アドレスよりダウンロードできます　http://www.kjnet.co.jp/dl/life

日本マーケティング・マネジメント研究機構
Japan Marketing and management research Organization

24時間自己観理表

自己観理票

日付 date ・年月日 曜	署名 signature
2011／1／24（月）	

時刻	計画 plan check	行動 do／fact	場所 place	費用 expenses
00:00	睡眠			
01:00	睡眠			
02:00	睡眠			
03:00	睡眠			
04:00	睡眠			
05:00	睡眠			
06:00	睡眠			
07:00	仕度			
08:00	移動			
09:00	朝礼	朝礼・調整		
10:00	提案書	提案書資料作成		
11:00		昼食時ずれこみ		
12:00	昼食	本屋へ		780
13:00	移動			1500
14:00				
15:00	オリエン	オリエン		
16:00				
17:00	予算資料	予算資料		
18:00	議事録 相見積	新プロジェクト会合		
19:00				
20:00	夕食			
21:00				9755
22:00	移動			1860
23:00	帰宅			
24:00				

	今日の目標 mark & target	現実 計画時間	現実時間 50%
01	A社提案書作成	1時間	2.5時間
02	B社補足資料	1時間	0.5時間
03	C社オリエン	3時間	3時間
04	展示会予算資料	1時間	2時間
05	昨日会議録	0.5時間	0時間 →明日
06	D社部材相見積	0.5時間	0時間 →明日
07	新案件会合		1時間（予定せず）

今月の目標 NOTES

今日の収支 earnings and expenses

収支	購入品目（収入科目） 支払先（顧客）	金額
収・㊉支	書籍	1500
収・㊉支	弁当	780
収・㊉支	代行	1860
収・㊉支	夕食 B社担当部長と	9755
収・支		
収・支		
収・支		
収・支		
収入	支出 収支計	13895

自己評価 Evaluation

総合評価	1・2・③・4・5
人的資源	1・2・3・④・5
知的資源	1・②・3・4・5
￥＄資源	1・2・③・4・5
身体健康	1・2・3・④・5
心の健康	1・2・3・④・5
	1・2・3・4・5

明日への反省 for your TOMORROW!!

year
2010
2009
2008
[redacted]
2006
2005
2004

month
01 Jan
02 Feb
03 Mar
04 Apr
05 May
06 Jun
07 Jul
08 Aug
09 Sep
10 Ocr
11 Nov
[redacted]

day
あ A 01
い B
[redacted]
え D
お E 05
か F
き G
く H
け I
こ J 10
さ K
し L
す M
せ N
そ O 15
た P
ち Q
つ R
て S
と T 20
な U
に V
ぬ W
ね X
の Y 25
は Z
ひ
ふ
へ
ほ 30
ま
み
む
め
も 35
や
ゆ
よ
ら
り 40
る
れ
ろ
わ
ん 45
50

サインペンなどで消します（検索しやすくするためです）

彼の稼ぎ高に関わってきているのである。

また、このツールを使うことによって、社員の現在の価値観と行動パターンが丸裸になることも利点だ。おかげで社員の思い込みやウソの報告を聞く必要がまったくなくなった。無駄なミーティングなどが必要なくなったのだ。

この「自己観理表」では、仕事の優先順位と期限についても教育できる。

最近の若者には、「これをしたいと思います」みたいに、漠然とした感覚的なものの言い方をする人間が多い。これでは仕事ができないことを教えるために、毎日の「なすべきこと」を列挙させる。それも重要度の高い項目から低いと考える項目の序列を付けさせる。

そして、必ずそれを「いつまでにするか」というデッドラインを決めさせる。成果を挙げた順に、その項目を消させるのである。

これをもとに社員の付けた重要度の序列を私がチェックし、「これよりもこちらが重要度が高いだろう」などと指摘する。**営業などで人に会う場合にも、社員はどうしても「会うべき人」よりも「会いやすい人」から会おうとする。その間**

違いを正すのである。

ここに「期日（デッドライン）から逆算する」思考方式が重要になってくる。

たとえば粗利を月500万円目標としたとき、Aさんというお客様ならお金があるから一人で目標が達成できる可能性があるというとき、「Aさんは会いにくい」ということで、別の「会いやすい人」から会おうとする。

「会いやすい人」が成果に結びつくのかどうかを考えない。だから、ずるずると目標が達成できずに期限を迎えてしまうことがよくある。

期限までに成果を挙げなくてはならないという意識が念頭にあれば、たとえ「会いにくい人」であっても、十分な準備をして会うだろう。その人で目標をクリアできれば、期限までの残り時間は全部自己投資のできる時間になるのだ。

自己投資ということで付け加えれば、わが社では月3万円を「自己投資費」として社員に渡している。本を買ってもいいし、お客様と食事してもいい。何をしてもいいから、使い切って自分を成長させなさいというお金である。

会いやすい人、やりやすい仕事からしてはならない、優先順位を間違えてはならないことを、私は「自己観理表」をもとに社員に徹底させているのである。

第5章のポイント

「稼ぐ部下」を分身にする法

● 「稼ぐ部下とは何か」を知らなくてはならない。彼らは欲があって礼儀正しく、洞察力があって我慢強い。彼らを使いこなすことが重要だ。

● 有望な部下を飼いならす最善の方法は、早めに結婚させて、マンションを買わせることだ。彼は必死で働く以外に選択肢がなくなる。

● 徹底的に教育にお金をかけ、自分のお客様を譲っていく。自分の分身をつくり、事業継承を成功させる、最も手堅い方法である。

● 月次決算をオープンにする。社員の給料も社長の給料もガラス張り。収入も経費もすべてを見せる。これが経営者教育の最短距離だ。

● 何事にせよ、人生が死で終了するように、「目標は何か」「いつまでに終わらせるか」を明確に示させることだ。

第6章

戦略性に富んだポジショニングが「稼ぐ人」との分かれ目

稼ぐ人は、稼げるポジションで仕事をしている

稼ぐ人の要件については、いくつかすでに述べたが、まだ説明していないことがある。それはポジショニングについてである。これも稼ぐために非常に大切な条件なのだ。

ポジショニングとは、どこにどうわが身を置くべきか、その「立ち位置」のことである。

稼ぐ人は、ポジショニングが的確でうまい。自分の強みを存分に生かし、お金を稼ぐことができるポジション、自分にとって適切な「働き場所」を知っている。

個人で働く場合でも、組織で活動する場合でも、的確なポジションをとらなければ、よい仕事はできないし、お金を得ることもできないということを彼らはよく知っている。

成功者というと、世間では大会社の社長などをイメージしがちだが、会社の大きさ、世間の知名度はそれほど大きな要素ではない。小さいながらも、自分に最も合ったポジションを得て、充実した仕事をするほうがはるかに重要である。これは大手保険会社を辞めて、独立した自分の経験上からも言えることである。

私の知り合いの中にも「よくそんなところに目をつけましたね」と思わずこちらが感心してしまうほど、ユニークな立ち位置で仕事をしている人がいる。そういう人は、自分の得意分野を生かしているものだから、生き生きと活動していて、何よりポジティブである。

加えて、その道の第一人者として、多くのお客様に信頼され、驚くほどのお金を稼いでいるものである。それが可能なのも、ひと言で言えばポジショニングがよいからである。

別に上場会社の創業オーナーにならなくても、市場性の高いポジションに身を置いていれば、とてつもなく稼ぐことができるのだ。当たり前のことのようだが、稼ぐ人は、稼げるポジションで仕事をしている。

まず、ご紹介したいのは、長年、お付き合いをさせていただいている女性経営者、Rさんだ。もともと専業主婦だったが、大手保険会社に就職。その後、FPとして事務所を構え、独立された方で、私が尊敬する先輩の一人だ。従業員は3名だが、売上は常に1億円以上と、生産性が高いお仕事をされることで業界内でも知られている。

Rさんの何がすごいかというと、自己分析が秀でているところだ。

自己分析とは、本書でも、これまで説明してきた「察知力」「洞察力」のことである。具体的には、世の中や経済の流れ、取り巻く環境をよく捉え、その中での自分の強み、弱みを客観視し、その上でどの環境にわが身を置くべきか、ビジネスを展開していくべきかを決断する能力のことである。

Rさんは、ご自身のことを「病的なほど几帳面《きちょうめん》」とおっしゃる。性格が細やかで、常に整理整頓が行き届いている。それどころか、すべてがしっかり整頓されていないと気が済まないほどのようだ。その性格を、自分の強みとしてお仕事に存分に生かされている。

人間は忙しくなると、目の前のことに集中し、それ以外のことはおろそかにしてしまいがちだ。後回しにしてしまう代表的なものに、資産管理がある。大事なことだとは分かっていても、何年も前に買った土地の価格などいちいち調べないし、証券会社から送られてきた書類なども、どこかにうっちゃっておく。目先の仕事に集中しなければいけないから、仕方がないのだが、そういう人はいざ、対応が迫られると、きまって泡を食う。

Rさんの「病的なほど几帳面」の性格は、こういう人のために生きる。

Rさんは、お客様の資産の一つひとつをすべてチェックして、丁寧に資産管理表をつくる。不動産、債権、保険、預貯金などすべて色分けしたファイルにまとめるのは朝飯前。

さらに、すべての書類をさらに優先度で分け、丁寧に一つずつアドバイスされ、保険などの金融商品を販売するのである。

「ターゲットを絞る、明確にする」とは本当はどういうことか

整理整頓ができない人にとっては、Rさんのような資産管理が、これほどありがたいことはない。

感服させられるのは、この自らの強みをさらに生かすために、徹底した顧客の絞り込みを行なっていることだ。Rさんのお客様は医師のみ。医師専門のFPを看板に掲げ、経営されているのだ。

Rさんのこの絞り込みは、戦略的である。

ポジショニングのためには、徹底的な市場調査が必要だが、Rさんは独立前に、綿密なリサーチを行なった。「自分の能力をどのように生かせば、最も効果的か」という視点をもとに、あらゆる業界を調べ上げ、その上で、たどり着いた結論が医師をお客様にすることだった。なぜか。

まず、医師が資産とお金を確実に持っていることが挙げられる。

そして、もう一点。医師は超多忙であるという点だ。特に、産婦人科ともなると、休日をとることさえ難しい。24時間体制で対応しなければならないハードワークである。お金があるから、資産がある。資産管理は必要だが、超多忙な医師たちは、それに十分な時間を振り分けることはできない。

ここに、Rさんは、自分が活躍する需要があると見たわけだ。

実際、それは当たっていた。Rさんのマメさ、細やかな整理力が喜ばれ、売上げは独立以後、右肩上がり。今や1億円以上と高値安定をキープしている。

Rさんには、さらに感心させられてしまう点がもう一つある。まったく新規開拓を行なわない点だ。

最初から、お客様を必要以上に増やそうとの考えは持っていない。そもそも、ターゲットを絞っているくらいである。「自分が活躍する世界はここ」と、明確にポジショニングを決めて出発したわけだから、むしろ、拡大路線は、Rさんのビジネスモデルにふさわしくない。

しかし、この姿勢はこの業界ではかなり珍しい。通常、保険も含めて、金融機関の営業は「取るだけ取る」といったスタイルが一般的である。猛烈な営業を行ない、セミナーを開き、パーティーに参加し、手当たり次第に声をかけ、強引に契約を取ってくる。

しかし、このように売上げアップばかりにとらわれ、戦略を持たず、やみくもにお客様を増やすと、後で苦労する。一時的にはよいかもしれないが、過去の私が失敗したように、アフターフォローができなくなったり、十分なサービスが提供できなくなるなど、しわ寄せが出てくる。

結果的にサービスの低下を招き、信頼を失ってしまう。これでは、お客様との関係を長続きさせることはできない。

Rさんはそのような失敗はしない。新規開拓を行なわず、必要以上にお客様を増やさず、自分の能力、会社の経営資源をすべて自分の得意分野に充てている。

お客様に何が評価されているのか、その自分の強み、市場価値が明確に分かっているからこその戦略である。ゆえに、派手さはないが、長くお客様から支持され、安定した収益を挙げられるのだ。

とはいえ、お客様がまったく増えていないかというとそんなことはない。Rさんは、年に2回、お客様のご自宅の訪問も含めて、アフターフォローを行なうが、既存のお客様から、紹介を受ける場合も多い。親戚にも医師がいたり、子どもが親と同じ道を目指すという場合もある。

無理をしなくても、しっかりした仕事をしていることが評価され、既存の人脈から、新しいお客様が現れるのだ。

よく勝ち組などと称され、メディアにも頻繁に登場した経営者が、一瞬のうちに評判を落とし、市場から退場を余儀なくされる場合がある。

単に時流に乗っていただけだということが、そのときになって分かるわけだが、ポジションが定まると、一時的な時流や景気に惑わされない確固とした強さが生まれる。固定ファンをつくり、がっちりと信頼関係を築いているために、長く稼ぎ続けることが可能なのである。

これがRさんの売上1億円越えの秘密であるが、まさにポジショニング力の勝利といってよい。

向かないことは絶対しない

Rさんの事例をみてもよく分かるように、稼げるポジションを手に入れるためには、自分の「強み」を持つことが絶対的に必要である。

ここまで読み進めてきた読者の皆さんには、あえて説明するまでもないが、強みとは、単なる得意分野を意味しない。市場性がある強みでなければいけない。**いくら自分にしかできない「強み」を持っていても、市場からの支持がなければ、稼ぐことはできない。顧客に、市場に評価されてこその強みが必要だ。**

本書で何度か登場したH氏とは別のカリスマ美容師O氏も、東京に店を持ち、芸能人をはじめとして、多くの固定客を持っている。

すばらしいのはスキルだけではない。接客もうまいし、立ち居振る舞いも凛《りん》として美しく、年齢は60歳近いのだが決してそうは見えない。圧倒的なお客様からの支持があり、店を訪れる人は引きもきらない。これがO氏の絶対的な強みであり、市場評価である。

このO氏も、Rさんと同様に仕事の絞り込みをして、自分自身のポジションを確立した一人だ。どんな絞り込みをしたか。ひと言で言えば、自分の得意な仕事だけに専心したということだ。

通常、飲食店も、美容院も、流行すると拡大路線に走る。もう1店出して、稼ぎたいと考えるのが人情である。

しかし、そのように拡大しても、うまくいく保証はない。逆に、失敗すると大きな損害を被る。うまくいくためにはそれなりの準備と、経営力が必要だ。

第5章で説明したマネージメントとは、組織力を向上させる経営法である。どんなに「稼ぐ」人間でも、個の力では限界がある。そこで、重要となるのは組織力を強化すること。つまりは、経営者の分身をつくることといってよい。これができると、組織の生産性は格段に高くなる。

しかし、O氏はマネージメントが苦手だった。自分を商品として、何十年も磨きあげてきた方である。これからも、プレイヤーとして自分自身が輝いていたいと考えている。要は気持ちが繊細で、芸術家タイプ。だから、人のちょっとした立ち居が気になる。辛抱強く人を育てられない。

経営者的思想はあまり持ち合わせてはいない。自分にはマネージメント能力がないし、そういうことに自分の力を使いたくないと考えていたのだ。

O氏は、だから店を大きくしようとは考えなかった。1店舗のみの営業に、絞り込んだのである。

美容室のチェーン店を経営するH氏とは対照的である。

H氏も、若い頃には超有名店のカリスマ美容師だったが、しかし、42歳で一線から退いて、マネージメントに専念した。

「もう俺みたいなね、腹が出た人間が髪を切ってもね、お客様もうれしくないし、うちの従業員が迷惑するわ」が口癖である。

一見すると正反対のように見えるが、二人には共通点がある。どちらも、自己分析がしっかりできている点だ。

自分の強み、弱みを冷静に見て、自分に合ったポジショニングを得ている。自分ならではの立ち位置を確立しているという点では、両者には違いはない。要は選択の問題である。

O氏の事例から言えることは、あえて自分に向いていない分野には立ち入らないということだ。この選択、決断がよい結果を生む。

実際にも、O氏の選択はまさに正解だった。自分なりのポジションを明確にしたことで、不向きなマネージメントで苦労することもなかった。自分の能力、スキル、時間を、得意なことに存分に充《あ》てられた。自分を慕って訪れてくれるお客様の髪をカットし、あるいは雑誌に登場して、流行の髪型について解説したりと、カリスマ美容師として活動的である。

もちろん、自分を磨く努力は欠かさない。整形や化粧品などにふんだんにお金をかけるし、太らないための努力も続けている。自分自身が商品であるという気構えと覚悟は相当なものである。

プロフェッショナルを究《きわ》めることで、自分のブランド力を維持する。そこに焦点を絞って、R氏やO氏は稼ぎ続けている。

「捨てる」ポジショニング法

「絞り込み」という言葉を、もう一歩先に進めると、「捨てる」という考えが出てくる。つまり、今、持っているものを手離してしまうという考え方だ。

既存のものにとらわれていると、新しいチャレンジもできないし、成長の芽もなくなる。徹底的に絞り込み、必要がないと判断すれば、いくら苦労して手に入れたものでも、きっぱりと「捨てる」ことも視野に入れなければならない。その選択が次の段階への進化につながるのである。

企画塾（企画会社）の社長であり、私の先生である高橋憲行氏に、ここでご登場いただこう。氏は、昔からマーケティングの世界で知られた人で、世間でも名が知られた大企業の顧問を数多く引き受けられていた。一回の企画料は５０００万円を超えることもある。経営的には安定していた。

本来は、ありがたいはずなのだが、しかし、大企業の企画を行なうと、24時間体制で対応しなければならない。ほかに時間を割くことはできない。

実は、そのころ高橋氏には、やりたいことがあった。現在の日本は大きな閉塞感に包まれている。地方は閑散としている。その原因は、中小企業に元気がないからだと高橋氏は考えた。

そこで、自分が開発したマーケティング手法を全国津々浦々に浸透させたいと考えたのだ。**足腰の強い、企画力・商品力に長けた中小企業を自分の力でつくっていくのが、この業界で育ててもらった自分の使命であり、ご恩返しだと考えたのである。**

この思いを遂げるためにも、高橋氏は、思い切って、20年、30年と付き合ってきた大企業との縁をスパッと切った。自ら顧問を下りたのだ。加えて、さまざまな公の立場にもついていたが、それも捨てた。使命感のために、高収入を捨てて、自分の夢の実現に専心しようと決断したのである。

こうして企画塾を立ちあげ、自分の考えを体系化したマーケティング支援、企画教育を専門的に行なうようになった。その結果、以前にもまして、大きな売り上げを挙げているし、何よりも、多くの中小企業が高橋氏の教えを受け、実績を挙げている。高橋氏の選択は大きな賭けでもあったが、自らの強みを生かして、大きな成功を勝ち取ったともいえるのである。

「捨てる」ことを選択し、大きな成功を勝ち取った企業は他にもある。島根県で竹炭の開発、販売を行なう企業である。私のコンサルの中心は創業オーナーだが、近年は人脈も広がり、おかげさまで2代目社長のお客様も増えている。その会社の社長のE氏は、そのお一人である。

もともと、先代の父親が産廃業者として事業を行なってきた。以前は産業廃棄物の処理は、利益率が高い商売の一つだったが、近年は法律が改正され、規制も撤廃、世の中の仕組みが変わる中で、だんだんと「稼ぐ」ことが難しくなっていったという。

そこで、E氏は、新しい事業をスタートさせることを決意したのである。その際に目をつけたのが竹であった。

山では大量に竹が伐採される。その処理を以前から行なっていたが、これを元手に何かできないかと2代目社長は考えた。そして、竹の炭の研究を続け、特許をとって商品化したところ、これが大いに当たり、今や著しい成長を続けている。

時代の移り変わりが激しい世の中だ。その中で2代目、3代目と時代を重ねながら、発展し続ける長寿企業がある。そのような企業ほど、時流や環境に敏感であるのは当然だ。捨てるべきもの、捨てないものを選択し、捨てるべきものと判断したものは、惜しみなく捨てている。

E氏の会社も、先代から受け継いだ使命感、伝統的な社風は残しているが、ビジネスモデルは、市場や世の中にターゲットを合わせて捨てたのである。

短期的な利益にとらわれ、捨てるべきものを捨てられず、強みを生かしきれない企業は少なくない。そのせいで、中長期的な展望を開けずに、ジリ貧になって没落していく企業が多いのは周知のとおりだ。

あえて捨てる勇気を持ったとき、自分では思いも寄らなかった新たなポジションを得ることができるのだ。

迷ったとき、困ったとき、他人に頼ることで気づくことがある

ここまでは自己分析を前提としたポジショニングについて見てきた。しかし、この自己分析というのがなかなかの曲者である。自己分析を間違えたら、失敗が待っている。

的確な自己分析をするためには察知力、洞察力が必要であるが、これらの力はすぐに身に付けることはできない。では、どうすればいいか。

そのような場合は、あえて自分で判断しない。私がお勧めしたいのは周りの人の意見を聞くことだ。日々、接している周囲の人のほうが、自分よりもその性格、考え方などを理解しているものだからだ。

実際、私の周囲にも、他人の意見を聞き、ひたすら懸命に仕事をし続けたところ、大いに成功し、独特なポジションを手に入れた人もいる。

ここでも当社の社員に登場してもらおう。国立大学大学院を出た、例の彼である。成功者とはいえないが、まさに彼もポジショニングで生まれかわった一人だからである。

国立大学大学院を出て、社会人になった彼の不遇は、ポジショニングがまずかったことに起因する。もっというと、その前提として自己分析がまったくできなかったのが問題だった。

彼はその学歴が示す通り、頭はいい。分析力もある。資料をつくるのもうまい。しかし、営業マンには、向いていない。引っ込み思案で押しが弱いのは致命的である。営業マン・マインドは先天的なものだが、これが欠けていた。

大学院を卒業した彼が最初に勤めたのは郵政省だった。身分保障された親方日の丸の公務員である。この選択は間違っていない。

しかし、いかなる悪魔のささやきにやあらん、彼は外資系金融機関の営業マンになってしまったのだ。それも生き馬の目を抜く、フルコミッションの厳しい世界に転身したのである。究極のミスマッチとしか言いようがない。

結果はどうであったか。

これまでも触れたように、向いていないにも関わらず飛び込み営業したり、チラシ配りをしたり、ただやみくもにムダな努力をしては、失敗ばかりを繰り返した。成績は最悪で、月収は6万円のみ。

生きていく上で最も大事なポジショニング、つまりは職業選択を誤ったことによる悲劇である。

彼がポジショニングを間違ったのは、自己分析ができていなかったということに尽きるが、その彼も、わが社に入社してから変わってきた。

というのも、私が彼の性格やスキルを分析し、彼に最も合うポジションを与えたからだ。私が獲得した新規顧客のアフターサービスである。

大切なことは、私のスパルタ教育に音を上げ、当社を辞める瀬戸際まで追い込まれたときのことである。

恋人から、

「それは社長さんの言っていることが正しい」

と言われたのである。

この恋人のひと言は大きかった。自分の考えに意固地になっていた彼も、他人の意見に耳を傾けることで、だんだんと自分の新しいポジションを受け入れられるようになっていった。

その後は、ひたすら私の方針に徹することによって、稼げる人間に生まれ変わったのである。身近な人たちの意見に耳を傾け、その通りにやり続けることで、自分の強みを生かせるようになってきたのだと思われる。

自己分析が出来ない人は、身近な人に自分の評価を聞いてみることをお勧めする。思いもよらなかった意外な自分の強み、弱みが見えてくるかもしれない。それを前提に、自分のポジショニングを決めるのも手である。

特に、何か行動を起こそうとするとき、迷いが生じたときにも、私は周りの人の意見を聞くのは大事だと思っている。

ネガティブな意見も出てくるかもしれない。最終的にはあなたの人生だから、決定者はあなただが、選択の参考にはなるはずだ。

長生きするコツは、組織に貢献するポジショニング

私のお客様にも、上司の意見に従うことで、格好のポジションを手に入れた人がいる。プロ野球選手のM氏である。

プロ野球の世界では、選手個人は、基本的に自分でポジショニングを選択することは難しい。上司、つまり監督やコーチの命令に１００％従わなければならないのは当然、という世界である。

M氏が監督に与えられたポジションは、中継ぎ投手である。現在は30代の半ばを過ぎているが、ここを持ち場に、長年活躍している。

中継ぎ投手は過酷である。M氏も毎日、ブルペンに入っている。多少、肩に違和感があっても、膝が痛くても、嫌な顔をせず、登板し、試合をつくるのが彼の役割だ。

過酷な割に、個人成績に直結しにくい。近年はホールドという評価ポイントができたが、勝敗やセーブのような明確な基準ではない。いい仕事をしても、なかなか明確な成績となってあらわれないのである。

M選手は黙々とこれを受け入れた。個人成績にこだわらず、ひたすら組織への貢献を第一に考える中継ぎ投手を、自らの使命と考えた。

このような考えは先発投手にはない。先発は、主に週に一度の登板である。試合で投げた後は、翌週の試合に向けて調整する。球場に来る必要もなく、もっぱら、個人に調整は委《ゆだ》ねられているのである。わがままが許されている。

そのような職業的な違いが反映しているのか分からないが、先発と中継ぎは性格まで違うようだ。M選手のように中継ぎ投手の多くは、自己犠牲の精神があり、組織への貢献心も強い。しかし、先発投手はわがまま、自分本位の性格が多いと聞く。

私は別に先発投手批判をしたいわけではない。元楽天の野村監督は、「エースと4番は育てることができない」と言ったが、エース特有のわがままさは、活躍する上で、非常に重要な要素でもある。

要は役割が違うということなのだが、私がここで言いたいのは、このような実力本位のプロ野球の世界でも、「組織」という面からみると、一般の会社などと変わらない面があるということだ。

プロフェッショナルが究極まで追求された世界ではあるが、組織で活動している限り、個人成績とは別の要素も加味される。その面で考えると、実は、中継ぎに徹すること、自己犠牲のポジションに徹することは、決して悪いことばかりではない。

確かに、先発投手に比べて、中継ぎ投手は、年俸は安い。しかし、M選手のように長く活躍できる、稼ぎ続けられるという場合もある。

さらに、中継ぎ投手は、実は首脳陣やフロントにとって、非常に使いやすい。嫌なことも嫌な顔一つせず、仕事をしてくれるのだから、年俸以上に、高い評価を得るものでもある。

本書では、嫌なことを率先してやってくれる人ほど、周囲の評価が高く、稼ぐことができると述べたわけだが、プロ野球の世界でも同じことがいえる。最もそれが顕著に表れるのが、引退後である。

実力本位、個人本位でならしたエースの場合、成績がよいときは年俸はうなぎ登りだが、故障でもして、投げられなくなったら、球団は案外冷たいものである。見離してしまうことが多い。

しかし、苦労した中継ぎ投手の場合は、フロントもその働きに何とか報いたい、球団に残ってもらいたいと考える。苦労もしているから、コーチとして若手を育成するのも上手であることを知っている。

実際、華々しい活躍をした超一流選手よりも、苦労をした選手のほうが、教わる選手の気持ちが分かる分、指導がうまいようである。

現に、現役時に中継ぎ投手など苦労した選手のほうが、引退後も球団に残って、活躍している人が多い。つまり、安定的に稼ぎ続けているわけだ。組織への貢献心を示すことで高い評価を受けることは可能だ。

組織の中でどのように立ちまわるか、大いに参考になる事例である。

1対1のポジショニングでも、大きな「成果」を生む

一方に売り手がいて、もう一方に買い手がいる。売り手が商品やサービスを提供し、買い手がこれを購入する。このように、ビジネスの成立条件としては、買い手と売り手さえいれば十分である。1対1の緊密な関係を築くことも、シンプルではあるが立派なポジショニングである。

そんな関係を築いて成功したのは、第2章にも登場した、物流会社を経営するS社長である。独立するまでは、トラック運転手であったが、もともと30歳までには独立しようと目標を決め、バイク便の会社を設立した。

いまや創業10年目を迎え、年商10億円である。驚くほどの急成長なわけだが、その売上げのほとんどは、ある健康食品会社（A社）からの発注で成り立っている。A社は、営業以外は外注に出すという方針の下、物販はすべてS社長に任せ

ている。このA社の社長から、絶対的な信頼を得たことが、S社長の物販会社の急成長につながった。

では、なぜ、S社長は絶対的な信頼を勝ち得たのだろうか。何か他社と大きな違いがあるのだろうか。最初、私にもそれが分からなかった。S社長を知る経営者などに聞いても、「あの人は運だよ」というような評価ばかりである。

しかし、長くお付き合いをさせていただくと、とんでもない強みがあることが分かってきた。それは気遣いと素直さである。

「そのようなものなら、自分にもあるよ」

という声も聞こえてきそうだが、S社長の気遣いは半端なものではない。この気遣いが、お金をとてつもなく稼ぐのである。

前述の通り、S社長がこの健康食品会社の社長に出会ったのは10年前。創業直後の時期に飛び込み営業を行なった。それがA社だった。

A社もまだ創業間もなかった。S社長はこのとき大きな声であいさつをした。それが気に入られた。

「お前は元気がいいな。うちの会社は10年で100億になる会社だ。だから、勢いのある人に仕事をまわしたい。おれについてこい」

それ以来の付き合いであるが、一貫してS社長は、A社の社長の方針についていこうと努力した。A社の社長を支え、ティアップすることを何よりも優先した。自分の強みを探すよりも、相手の役に立つことを第一に考えた。

A社の社長からは、厳しい要求が立て続けにくる。あるときは「1日で日本全国届ける体制を築け」と言われた。すると、S社長はすぐに何億もの借金をして、北海道や東北に倉庫や営業所を設けた。なかなかできることではないが、それをすぐに実践してしまうところにS社長のすごさがある。

プライベートでも、自分よりも相手のことを考える。A社の社長と共に旅行やゴルフをする機会も多いが、飛行機や宿泊の手配など、すべてS社長が行なう。

一見すると、まるで個人マネージャーという感じでもある。

「自分は学歴もないし、何もできない。できるのは気遣いだけですから」

「今の自分があるのは、社長さんのおかげ。それに応えたいだけです」

と常に謙虚だ。

どんなに会社が成長しても、そのスタンスは10年前とまったく変わらない。このような気遣いは、誰に対しても変わらない。自社の社員にもそうだ。

例えば、深夜まで残業をする社員がいたとする。そうすれば、いくら酒を飲んでいたとしても、

「こんな時間まで大丈夫か」

と一声掛けるために夜中の2時ごろ、会社に戻ってくる。

そんな人のいいS氏のことだから、騙《かた》りを働く悪い人も寄ってくる。これまでに騙《だま》された金額は3億円とも4億円ともいうが、決して恨みに思うようなことはない。少なくても口にはしない。「よい勉強になった」というのみである。その姿勢も常に一貫している。

騙されることはあっても、人を裏切ることは決してない。そのことを、A社の社長も含めてだれもが知っているから、彼に対する信頼は増すことがあっても、減ることはない。彼に仕事をしてもらおうと自然に思えてくるのだ。

自分が自分がと前のめりにならずに、常に他者のことを考えること。これも、稼ぐポジションを得るために、必要なことに違いない。

第6章のポイント

正しく「ポジショニング」をつかむ要素

● 自己分析ができること。自己分析とは、察知力、洞察力のこと。世の中や経済の流れ、取り巻く環境をよく捉え、その中での自分の強み、弱みを客観視し、その上でどの環境にわが身を置くべきか、ビジネスを展開していくべきかを決断する能力だ。

● 仕事の絞込みをすること。自分の得意分野だけに専念して、ほかの誘惑に乗らない。プロフェッショナリティを極めることだ。

● 捨てる覚悟があること。どんなに成功していた事業でも、志と違っていたり、古くなったと判断したら、すっぱりと捨てることだ。

● 自己分析に行き詰ったら、信頼できる人に意見を聞くこと。思いもよらない自分の強みが発見できるはずだ。

● 他人を思いやる気遣いと素直さを持つこと。自分が自分がと前のめりにならず、他人を慮れば自分のポジショニングが見えてくる。

第7章

なぜ、稼げない人は「稼ぐ人」と付き合うことができないのか

自信がないやつは嫌われる。嫌われるやつは稼げない

本書では、これまで稼ぐ人間の条件を、稼げない人間との対比から浮き彫りにしてきた。

ところで、この「稼ぐ人間」「稼げない人間」をもっと単純に、人間関係の中で捉え直すとどういうことがいえるだろうか。

極端な表現だが、稼げる人間は「好かれる人間」、稼げない人間は「嫌われる人間」とシンプルに捉えることができそうだ。

考えてみれば、当り前の話である。好かれる人間、つまり「この人と付き合いたいな」と思わせるような人間には、「仕事をやらせたい」「協力してもらいたい」と思うものである。だから、好かれる人間は自然と人脈もでき、さまざまなチャンスを得ていくものなのだ。

一方、嫌いな人間に対して、誰も仕事を発注しようとは思わない。お付き合いなどごめんこうむりたいと思う人に、誰が、仕事を任せたいと思うだろうか。

好かれる人間と、嫌われる人間は、マインドが大きく異なる。

好かれる人間の多くは前向きだ。自信を持っている。「自分はこれができます」とはっきりと口にすることができる。周囲の人に、チャンスさえ与えたら、この人はやるだろうなと高い期待値を抱かせる何かを持っている。根拠があるかどうかは別にして、こういう前向きな人間と付き合いたいと思うのは当然だ。

一方で、嫌われる人間は、自信がない。「これができます」と言い切れない。自分の責任で、困難なことを乗り切ろう、成功をつかみとろうというマインドが欠けている。このような後ろ向きな人間を好きになれというのも無理な話だ。

仕事上で、あなたは好かれているか、嫌われているかは、すぐに分かる。嫌われ度は「個人ターゲットのクレーム」に出るのだ。

当社の社員にも、当初からこれの多い人間がいた。なぜか。自信を持てず、はっきりと物事を言えないからである。

相手方に「こいつ大丈夫だろうか」と不信感を抱かせてしまう。そういうときにミスを繰り返すと、いよいよ、その人間の低評価は決定的なものになる。相手は怒りがこみあげてくる。

「こいつは何をやらせても駄目だ。一体、こんなばかな人間をおれのところによこすとは、会社はどういうつもりなんだ」

これがクレーム頻出《ひんしゅつ》の背景にある。

なかには、やさしい人もいる。ある取引先の社長が、当社の社員の態度を見かねて、こう諭《さと》した。

「お前にひと言いいたい。何をびびっているんだ。お前は職場を転々としてきたらしいが、ここを最後の職場と思って、覚悟を決めろ。『私はできます』と言い切れ。そしてやり切れ」

後で、その方に直《じか》にお聞きすると、仕事上のミスもさることながら、彼の態度が気になって仕方がないということだった。びびる。嫌なことがあるとすぐに逃げようとする。下を向いて、無口になる。人間の基本がなっとらんということだった。自信がないという精神的な弱点が、態度に出るのだ。

人間だから、ミスをすることもある。そのときには、すぐに駆けつけて、「迷惑をかけてすみませんでした」とまずお詫びをする。それが大切なのだが、自信がないヤツほど、「どうしよう、どうしよう」と逡巡《しゅんじゅん》し、頭を下げるタイミングを逸する。

それがさらに重荷になって、その状況から逃げようと画策する。いよいよ、相手を怒らせたときには、傷口は、もはやふさぐことができず、本当に逃げ出してしまう。嫌われる人間の行動の典型である。

私はクレームを絶対に大事にしろと口をすっぱくしていっている。クレームは、自分が足りないところ、間違っていたところを教えてくれる。なぜ、クレームが出たのかを、背景から分析し、反省して、今後の行動の戒めとしていけば、相手との差を埋めていく絶好の機会になる。

繰り返すが、クレームは、こちらへの期待の裏返しでもある。それを直せば、新たな仕事に結びつく可能性も秘めているのである。

すぐに「ごめんなさい」と言える人間は、嫌われない

嫌われる人間は精神的に弱い。自信がない。すぐにびびってしまい、平常心を失う。言い訳に走る。

このびびりの態度に、嫌われる人間の本質が出ている。

当社の社員を見ても、クレームがくると、すぐに挙動不審の態度をとるからすぐに私に露見する。傍《はた》から見ても、「こいつ、何かしでかしたな」と分かるから、問い詰める。

すると、その説明がすべて言い訳なのだ。自分の主張ばかりする。

「そのとき、私はこう言いました」

「確かに、私はこのように対応しました」

まるで自分は悪くないとでも言いたいらしい。

他人も仕事も何も見えていない証拠だ。視野が狭くて、自分の保身にやっきになっているだけに、みじめったらしいことおびただしい。

「お前の言ったことなど関心がないんだ。相手が何を言ったのか、それをきちんと言え」

ついに私は怒りを炸裂《さくれつ》させるのだが、相手は何を言ったのか。相手はどう怒っているのか。聞いているこちらには、正確なところがまったく見えてこない。

このような対応しかできないところに、稼げない人間の本体があらわれる。

一方で好かれる人間、稼げる人間はどこまでも相手本位である。常に相手が何を考えているのか。相手は何を望んでいるのかを考える。営業に行っても相手の言うことを正確に把握する。だから、そもそも人を怒らせない。

そうして、献身的に、相手を支えようと努力する。ティアップしようと、工夫する。だから儲けられるのだが、稼げない人間は自分のことしか考えないから、稼げるチャンスを逸してしまう。

私は、自己の保身ほど、みっともないものはないと思う。本人は自分を守っているつもりなのだろうが、思い違いもはなはだしい。

言い訳に終始して、「その場をやり過ごしたい」と思っているかもしれないが、あり得ない話だ。他者を甘くみているとしか言いようがない。自分の言い訳が他者から見て、「みっともない行動に見えないだろうか」という配慮が一つもない。

目は口ほどに物を言うともいうが、行動は何よりも雄弁に、その人を語る。つまり、どう行動をとるかによって、他者に試されていることを知るべきだ。稼げない人間はそのことを分かっていない。

特に、お金がある人、社会的に地位が高い人、つまり仕事上のキーパーソンとなる人ほど、相手の行動の裏を察知する力がある。

リアクションをつぶさに見て、人を判断する。

クレームを出したら、その相手はすぐに駆け付けたか。ごめんなさいと謝ったかどうかを確認する。

逆に、自分の保身に走っているようだったら、その程度の人間と判断し、相手にしない。嫌われる人間は嫌われるべくして嫌われている。稼げない人間はだから根本から変わらなければいけないのである。

行動は恐ろしいものだ。その人の人間性が直接に現れてしまうのだから、プライベートでも決して油断してはいけない。

お金の使い方などは、人間性が出る最たるものだろう。私は、よくゴルフをするが、福岡や山口にいる知り合いを招待して、広島でプレーすることも多い。

別に図ってそうしているわけではないのだが、食事代などの出費は、私がお支払いするようにしている。みんなでなごやかに食事をしているさなか、こっそり支払いを済ませておく。

すると、後日、思いも寄らず、ある方から、

「江上さんはお金の使い方がきれいだと評判だよ」

なんておほめの言葉をいただくこともある。

一事が万事である。他人本位、相手本位の行動は自分に戻ってくるのだから、気を付けなければならない。

人は、稼げる人に変わる
スキルトレーニングで

見てきたように、稼ぐ人間と稼げない人間とは、マインド、考え方がまったく違う。結局のところ、稼ぐ人間とお付き合いをするためには、自分も稼げる人間にならないといけないということだ。

だからこそ、マインドを変えなければいけない、一から鍛《きた》えなければいけない、と考える人がいる。精神を徹底的に鍛え上げ、優秀なビジネスマンを育てようとする人材育成会社もある。

しかし、私は反対だ。人間のマインドは、それまで生きてきた時間の中で、培われたものである。一朝一夕で変わるなんてことはあり得ない。

ではどうすればいいのか。私はスキルを上げていくしかないと考えている。日々、スキルトレーニングを繰り返して、だんだんと稼げる人間に育成していく。

その中で、徐々にマインドも変わっていくのだ。この順序を間違ってはいけない。

最近、女性社員が当社に入った。国立大学を卒業している。世間から見れば才媛といっていいかもしれない。しかし、入社早々、私は今のままなら、あなたは絶対に通用しないと伝えた。彼女も意外だったかもしれない。

その上で、まずは先輩たちの御用聞きを1年間、徹底するようにと指令を出した。彼女は、毎朝、出社したら先輩に「今日は何かお手伝いすることはありませんか」と聞いて回ることを日課としている。

それが実践的に仕事を覚えることになるし、先輩がいま何を苦労しているのか、会社の状況もよく分かるようになる。何しろ、他者をサポートするという、献身的なマインドをつくりあげていくことにもつながる。

もちろん、他者視点で物事をとらえ、考えるトレーニングも徹底している。

稼げない人間に、自分を客観視しろといっても無理である。それよりも、普段から、仕事のあらゆるプロセスを、私に報告させる。今、何が問題となっているのか。相手から何を言われたのかを逐一私に伝えさせているのだ。その際に、

「お前の意見、主張はいらない。お客様が何を言ったのかだけ伝えろ」

と強調している。クレームに言い訳する社員への指導と同じである。

逃げ道をつくらせず、相手からの評価が真実の姿だと、指摘し続けるのだ。そんなことを繰り返して、お客様視点で物事を考えさせる習慣をつけさせる。

同時に、徹底することが一つある。

これまでの習慣を抜本的に変えるのだ。マインドの低い人間は、マインドの高い人間に嫌われることはすでに述べた。

一方、マインドの低い人間は、自分が嫌われていることをよく承知している。できれば、そんな人たちに会いたくないと思っている。自分のみじめさを再認識するのはつらい。だから、避けよう、避けようとしている。

私はそれを許さない。「自己観理表」の項でも触れたが、月々の売上目標額などを決めて、それに向けて努力させているが、誰に会うのか、そのターゲットも私で管理している。

例えば月々３００万円の目標を掲げている社員がいるとすると、今日会った人、明日会う人をすべて報告させる。私が会社にいなければメールで送らせる。彼は会いやすい人、小額でも契約してくれそうな人にばかり会いに行きたがる。

しかし、それでは、目標は達成されない。一人あたり5万円の商品を売るのはたやすいが、それなら60人必要になる。それよりも、300万円の保険を契約してくれる人が一人でもいたら、簡単にクリアできる。

彼には「もっと、利益を上げているお客様にターゲットを決めてかからないといけない」と伝え、とびっきり癖が強い、年収の高い社長さん方の名前を2、3人あげて、訪問するように命じる。もちろん、彼は不安そうな顔をする。マインドが違いすぎて、苦手意識が強いのだ。

しかし、ここで甘えを許したら意味がないので、ダメを押す。

「自分のやり方で目標をクリアできるのなら、私は文句を言わない。何も教えない。自由にやってもらって結構。私の案と、あなたの案のどちらを選ぶのか、自分で決めなよ」

当然、彼はいやいやながらも私の方針通りにやると皆の前で宣言する。このように、自分の口で言わせることも重要だ。逃げ道はすべてふさぐのだ。

効率より、効果だ

マインドの低い社員に対しては、それだけではない。私は後から、彼が本当にその会社へ訪問したのか。社長さんと折衝《せっしょう》したのかチェックする。

「今日、当社の○○はそちらにお伺いしましたか」といちいち電話をかけて確かめるのである。厳しいようだが、そこまでやらないと、社員に甘えが出るのだから仕方がない。

彼らも大変かもしれないが、何が何でも目標を達成してもらわなければならない。それが結局は、彼らの自信につながるからである。

営業やアフターフォローでも、私は「結果」「成果」を何よりも重視する。プロセスも重要だという人もいるが、プロセスにこだわったって、結果を残せるわけではない。逆に悪影響を与えることだってある。

私は社員に口癖のように、

「効率より、効果を考えろ」

といっている。

営業というと、効率ばかりを重視する人間がいるが、これは間違いである。効率は積み上げ式の考えで、効率を重視したら、即結果に結びつくなんて甘い考えだ。逆に、結果が出なくてもいいから効率を重視しなさいといったら、何のための営業か、分からなくなる。

効率を追求する人は、時間の使い方に対する考え方もおかしい。

そういう人ほど、「1日に10人のお客様と会う」などと、変な目標を立て、ひたすら時間の節約に走って行き当たりばったりの営業を繰り返す。これは、お客様に対しても失礼であるし、まったく効果はなく、成果は上がらない。

効果を挙げるためには、すでに説明したように、明確にターゲットをしぼることが必要だ。より、お金を持ち、ニーズがある人に対して、丁寧に説明するということである。

だから、当社では1日に3人以上のお客様に会うことは、厳に禁じている。

お会いして、お話しをするのにも、大変な準備がいるし、時間も必要だ。実際のところ、十分にヒアリングをしようとしたら2人が限界なのである。

私は営業では、特に重視すべきキーワードとして、①お客様の状況、②関心事、③解決策を掲げている。

①の状況とは、今、お客様は「どういうことに困っているか」ということだ。

②の関心事とは、お客様が「将来したいこと」である。

それに対して、どうわれわれがサポートするかというのが、③の解決策だ。

時間をかけてお客様のお話をお聞きしないと、決して解決策を見いだすことはできない。より丁寧な対応が求められるのは当たり前である。

さらに、社員には、どういう営業をしたのか、すべてホワイトボードに書いて、私に対して説明させる。

お客様の状況、関心事は人それぞれ異なる。こういう場合にはどのような解決方法があるか。どのような保険商品が好まれるか。すべて、ケースバイケースなのだが、事例を通じて、私は彼らに直に教えていくのである。

部下を育てるためには、上司はここまでしなければいけない。もともと、嫌われていた人間である。それを好かれる人間に生まれ変わらせるのだから大変なのも、根気がいるのも当たり前である。

何よりも上司の覚悟が問われるのである。

「社員を奴隷のように扱いますね」

といわれることもあるが、気にしない。私は彼らを育てる責任がある。責任を持っていない人の、無責任な言葉など聞く必要はない。

しかし、最初は何もできず、お客様に嫌われてばかりいた社員も、このような徹底したスキルトレーニングを繰り返すことで、明らかに変わってくるのだから、上司冥利《みょうり》に尽きるというものだ。稼ぐ人間のマインドが徐々に身体にしみついてくるようで、見ていてうれしくなる。

それでも場数を踏んで、商品の知識を深め、お客様視点で物事を考えられるようになるまで、最低3年はかかる。

長い時間を要するものだが、その頃になると、彼らを認めるお客様が現れる。

人間とは非常にシンプルなものだ。

「あなたがアドバイスしてくれたおかげで助かった」
「ありがとう」

お客様からのそのひと言で、彼らの数年間の苦労は報われる。そうして一気に、成長の階段を駆け上がっていく。マインドが1段も2段も上がるのだ。つらい経験を積んだからこそ、真の自信をつかむのである。

人間には自己承認の欲求がある。人に認められたいという思いを、誰もが本能として備えている。あなたも当然持っている。

だが稼げないときは、それが空回りするのである。認めてもらいたいのに、誰も認めてくれない。それであせって「オレが、オレが」と主張し出す。その態度があまりにも滑稽《こっけい》でみっともないものだから、さらに嫌われてしまうのである。

それを乗り越えるためにも、スキルトレーニングを続けるしかない。

真の成長を果たせば、望まなくても他人からねぎらいの言葉をかけてもらえる。根気強く育て、そして、やがては他人から評価されるような環境をつくっていくことが、いまのあなたには求められているのである。

第7章のポイント

「嫌われる人間」にならないためには

● 自信がない人、後ろ向きの人は嫌われる。

● 言い訳をする人は嫌われる。

●「自分の意見は…」と、ひたすら自分を出す人は嫌われる。

● 相手本位の人は好かれる。

● 逃げない人は好かれる。徹底したスキルトレーニングをすれば、嫌われる人間を好かれる人間に変えられる。

〈著者紹介〉

江上 治（えがみ・おさむ）

株式会社オフィシャル代表取締役
株式会社企画塾顧問
株式会社 MMC コンサルティング顧問
ゴールドスター・アセットマネジメント株式会社執行役員
1967 年、熊本県天草市生まれ。有名スポーツ選手から経営者まで年収 1 億円を超えるクライアントを 50 名以上抱える富裕層専門のカリスマ・ファイナンシャル・プランナー。
サラリーマン時代には大手損保会社、外資系保険会社の代理店支援営業において、新規開拓分野にて全国 1 位を 4 回受賞し、最短・最年少でマネージャーに昇格を果たす。自身が所属した組織もすべて全国トップの成果を挙げる。
起業後は、保険営業を中心とした FP 事務所を設立。人脈ゼロ・資金ゼロから 1,000 名を超える顧客を開拓し、これまで新規に獲得した保険料売上は 600 億円超に達する。
コミッションは創業 3 年で業界平均の約 5 倍、社員 3 名で 1 億円を超え、なおも記録更新中。
指導した部下は全国 7 万人のセールスの中でベスト 5 に 2 回入賞。
営業で培った新規開拓スキルをかわれ、国内で著名な売上増の企画会社の顧問に就任。
中小企業のコンサル業務を展開し、サポートした企業の売上が 1 年で 8 倍増になるほどの成果を挙げている。

年収 1 億円思考

2011 年 2 月 7 日　初版第 1 刷発行
2011 年 5 月 10 日　初版第 8 刷発行

著　者　江　上　　治
発行人　佐　藤　有　美
編集人　渡　部　　周

ISBN978-4-7667-8486-2

発行所　株式会社　経　済　界
〒105-0001　東京都港区虎ノ門 1-17-1
出版局　出版編集部☎ 03（3503）1213
出版営業部☎ 03（3503）1212
振替 00130-8-160266
http://www.keizaikai.co.jp

印刷　㈱光　邦